Lisa Graf-Riemann und Ottmar Neuburger

111 Orte vom Wilden Kaiser bis zum Dachstein, die man gesehen haben muss

111

emons:

Bibliografische Information der Deutschen Nationalbibliothek
Die Deutsche Nationalbibliothek verzeichnet diese Publikation in der Deutschen Nationalbibliografie; detaillierte bibliografische Daten sind im Internet über http://dnb.d-nb.de abrufbar.

Layout: Eva Kraskes, nach einem Konzept
von Lübbeke | Naumann | Thoben
Kartografie: altancicek.design, www.altancicek.de
Kartenbasisinformationen aus Openstreetmap,

Druck und Bindung: Hitzegrad Print Medien & Service –
Lensing Druck Gruppe, Feldbachacker 16, 44149 Dortmund
Printed in Germany 2017
ISBN 978-3-7408-0138-0
Originalausgabe

Vorwort

Über 500 Kilometer erstrecken sich die nördlichen Ostalpen vom Bodensee bis zum Wiener Becken. Zu viel für einen einzigen 111-Orte-Band. Wir beginnen mit der Region vom Wilden Kaiser bis zum Dachstein, die atemberaubende Landschaften, fast 3.000 Meter hohe Gipfel, türkis schimmernde Gletscher, urige Hütten, Fels- und Eishöhlen, kalte Bergseen, Urwälder, Moore und abgeschiedene Hochtäler zu bieten hat. Steigen Sie mit uns hinab in Bergwerke, in denen jahrtausendelang Kupfer, Erz und Salz abgebaut wurden, und lernen Sie einen Bergmann kennen, der 980 Gräber aus der Eisenzeit entdeckte und 20.000 Artefakte daraus barg. Oder den »Mann im Salz«, der nicht wie Ötzi erforscht, sondern wie ein guter Christ bestattet wurde. Dem »Kettenheiligen« Leonhard, »Schönen Madonnen« und »Umtragebildern« begegnen Sie in diesem Buch, und Sie werden »Margaretha mit dem Wurm, Barbara mit dem Turm und Katharina mit dem Radl« nicht mehr vergessen. Sie erfahren in einer winzigen Kapelle etwas über die Geschichte der Vertreibung von mehr als 20.000 Menschen und wandern ein Stück auf dem Tiroler Jakobsweg. Nicht nur traditionelle Handwerker können Sie hier kennenlernen, sondern auch Einsiedler oder Sherpas. Sie besuchen eine Käsealm am Wilden Kaiser und eine Hütte im Tennengebirge, auf der Lamas Wasser holen. Sie fahren in einer Hochgeschwindigkeits-Cabrio-Bergbahn und teilen Ihre Gondel mit Downhill-Rittern in moderner Hightech-Rüstung. Sie lernen Steinmandl, Alpenschweine, Steinschafe und Waldrappe als besondere Alpenbewohner kennen, nicht zu vergessen die wilden Tschaggalaggas.

Ein Lese- und Bilderbuch für Einheimische und Besucher, für Weitwanderer und Kurzurlauber, für Bergsteiger und Kulturentdecker, für Sportliche und Genießer, für Leseratten und Schnellchecker, für Urlaubsplaner und Urlaubserinnerer, für Kunstliebhaber, Naturmadln und Naturburschen und für alle, die die Alpen lieben.

111 Orte

T. VEIT
ST. VEIT

1 Das Kaisertal

Idylle pur mit atemberaubender Kulisse

Es stimmt, dass das Kaisertal die reinste Postkartenidylle abbildet und an Wochenenden und in Ferienzeiten Besucherströme anlockt. Trotzdem ist es nicht zum Freiluftmuseum mutiert und in vieler Hinsicht sehenswert. Die Lage des Tals auf über 800 Metern ist spektakulär. Es wird von mehreren 2.000ern flankiert. Das in Ost-West-Richtung verlaufende Tal trennt den Wilden Kaiser im Süden vom Gebirgszug des Zahmen Kaisers im Norden. Am Talgrund fließt der Kaiser- oder Sparchenbach in einer Schlucht, der Sparchenklamm. Bei Kufstein mündet er in den Inn.

Das Kaisertal ist Teil des Naturschutzgebiets Kaisergebirge. Es leben nur etwa 30 Menschen hier, in prächtigen Bergbauernhöfen, von denen der Hinterkaiserhof wohl der älteste und heute noch ganzjährig bewirtschaftet ist. Um 1300 wurde er zum ersten Mal schriftlich erwähnt. Viele Höfe sind zu Gaststätten ausgebaut. Im Hinterkaiserhof gibt es eine urige Jause mit Buttermilch und Käse vom Hof. Auch eine Dorfkapelle darf nicht fehlen. Im Kaisertal ist es die tausendfach fotografierte Antoniuskapelle mit ihren beiden flankierenden Birnbäumen.

Kaum zu glauben, aber wahr: Ins Kaisertal gab es bis 2008 keine Zufahrtsstraße. Man konnte es nur zu Fuß oder per Hubschrauber erreichen. Erst am 1. Juni 2008 wurde eine 800 Meter lange Tunnelröhre eröffnet, die eine Straße vom Inntal herauf mit dem Kaisertal verbindet. Die Benutzung ist ausschließlich den Anwohnern vorbehalten. Ihr Auto müssen Sie auch weiterhin unten abstellen und dann die 285 Stufen, die ins Kaisertal hinaufführen, schnaufend per pedes überwinden. Vielleicht fallen Ihnen dabei seltsame Längs- und Querkerben an den Buchenstämmen am Wegesrand auf. Es sind die Spuren der Seilwinden, mit deren Hilfe man in Vor-Tunnel-Zeiten zerlegte Autos und andere schwere Lasten mühevoll über die Stufen hinaufzog, um wenigstens die Wege im Hochtal befahren zu können.

Adresse Kaisertal, A-6330 Kufstein | **ÖPNV** Postbus 4030 von Kufstein bis Ebbs-Kaisertal | **Anfahrt** A 93, Ausfahrt Kufstein-Nord, über die B 175 Richtung Ebbs, dann Kaiserbach und Kaiseraufstieg bis Kaisertal-Parkplatz | **Öffnungszeiten** ganzjährig geöffnet | **Tipp** Man kann das Kaisertal in circa 4,5 bis fünf Stunden ganz durchwandern bis zum Stripsenjoch, einem Pass auf 1.577 Metern im Übergang vom Zahmen zum Wilden Kaiser. Übernachtungsmöglichkeit im Stripsenjochhaus (www.stripsenjoch.at).

2 Die Tischofer Höhle

Von Bären, Löwen, Hyänen und Menschen

Wir können uns glücklich schätzen, heute zu leben und nicht vor 37.000 Jahren, als nicht nur der Mensch in Höhlen Zuflucht vor Kälte, Regen, Hitze suchen musste, sondern auch der Bär, der seinen Winterschlaf im Trockenen halten wollte, oder die Hyäne, die ihre Beute vor Fraßfeinden in Sicherheit bringen musste. Dabei war der Höhlenbär von damals zwar ein Verwandter des Braunbären, wie wir ihn aus dem Zoo kennen, aber ein ganzes Stück größer als er, etwa 3,50 Meter, wie ein besonders stattliches Exemplar eines Eisbären. Den weckt man nicht gern aus dem Winterschlaf, auch wenn er wahrscheinlich nur pflanzliche Nahrung zu sich genommen hat.

Auf jeden Fall haben beide, Mensch und Höhlentier, hier in dieser mächtigen Höhle über dem Kaiserbach gelebt und ihre Spuren hinterlassen. Bei den bearbeiteten Knochenspitzen, die man fand, handelt es sich sogar um den ältesten Nachweis menschlicher Besiedelung in Tirol. Aus der Bronzezeit fand man außerdem Gräber, Feuerstellen und eine Kupfer- und Bronzegießerei, in der Erz aus Schwaz in Tirol verarbeitet wurde.

Acht Meter hoch ist das mächtige Portal der Höhle und 20 Meter breit. 40 Meter tief geht es in den Berg hinein. Unten plätschert der Kaiser- oder Sparchenbach, der von einer steinernen Bogenbrücke überspannt ist. In der Sonne leuchtet das Grün der Laubbäume. Ein magischer Ort ist diese Höhle und wegen des steilen Abstiegs vom Kaisertal beziehungsweise steilen Aufstiegs von der Theaterhütte auch nicht so überlaufen, dass man nicht über die jahrtausendelange Existenz des Menschen und seiner »Begleit«-Tiere nachsinnen, nicht der Angst unserer Vorfahren vor Dunkelheit, Donner und Blitz, vor Hunger und vor den diversen Mitaspiranten auf einen geschützten Schlafplatz nachspüren könnte. Das von den Wänden widerhallende Gebrüll eines ausgewachsenen Höhlenlöwen mag man sich lieber gar nicht vorstellen.

Adresse Kaiseraufstieg 19, A-6330 Ebbs | ÖPNV Postbus 4030 von Kufstein bis Ebbs-Kaisertal | Anfahrt A 93, Ausfahrt Kufstein-Nord, über die B 175 Richtung Ebbs, dann Kaiserbach und Kaiseraufstieg bis Kaisertal-Parkplatz | Öffnungszeiten ganzjährig geöffnet | Tipp Die Festung Kufstein, die man vom Aufstieg zum Kaisertal aus über der Stadt thronen sieht, beherbergt ein Heimatmuseum, in dem die Fundstücke aus der Höhle ausgestellt sind. Ein Schrägaufzug, die »Panoramabahn«, bringt Sie mühelos hinauf (www.festung.kufstein.at).

3 Das Ellmauer Tor

Der Khaiberpass im Wilden Kaiser

Wenn man von der Wochenbrunner Alm oder der Gaudeamushütte hinaufsieht zum Zackenkamm des Wilden Kaisers, dann öffnet sich dort ein auch für Wanderer erreichbarer Pass, ein Einschnitt zwischen Vorderer Karlspitze und Hinterer Goinger Halt auf 1.995 Metern Höhe. An sonnigen Wochenenden ziehen dort hinauf die Karawanen. »Wie am Wandertag«, seufzt ein Berggeher. Über der Baum- und Latschenzone gibt es nur noch Steine. Erst größere, dann kleinere, dann wird es bröselig und ein wenig rutschig. Hier sind Wanderstöcke nicht verkehrt. Den letzten Felsaufschwung kann man über einen Ausweichweg umgehen, und so kommt auch fast jeder hinauf, der hinaufwill.

Auf der Passhöhe hängen stilecht ein paar bunte Fähnchen. Für eine Rast sucht man sich am besten einen windgeschützten Platz, denn auch der Wind benutzt dieses Tor, um Wolken und Wetter von einer Seite auf die andere zu jagen. Der Abstieg hinunter zum Stripsenjoch auf der Nordseite ist steil und rutschig. Viele Wanderer besteigen von hier aus noch die Hintere Goinger Halt (2.192 Meter) in gut 30 Minuten. Die fehlenden 200 Höhenmeter sind unschwer zu überwinden.

Es leuchtet ein, dass das Ellmauer Tor auch »Herz des Kaisers« genannt wird. Der Blick nach Süden ist einmalig. Im Tal der Reither Ache und der Großache liegen Ellmau, Going und Sankt Johann in Tirol, dahinter die grünen Kitzbüheler Berge und schließlich die imposante Tauernkette mit Kitzsteinhorn, Großglockner und Großvenediger, die weiß herüberleuchten. Wer mag, geübt und schwindelfrei ist, kann auf halber Abstiegshöhe noch den Jubiläumssteig hinüber zur Gruttenhütte anhängen, ein Felssteig mit Seilversicherungen und einigen senkrechten Leitern, die Felstürme und -türmchen überwinden. Eine bizarre Landschaft findet man hier auf dem luftigen Steiglein. Von der urigen, 100-jährigen Gruttenhütte geht es dann auf dem Normalweg zurück zur Wochenbrunner Alm.

Adresse Wochenbrunner Alm, Wochenbrunnweg 44, A-6352 Ellmau am Wilden Kaiser, www.wochenbrunn.com | **ÖPNV** Postbus 4060 von Wörgl oder Sankt Johann bis Ellmau | **Anfahrt** A 93, Ausfahrt Kufstein-Süd, über die B 173 und B 178 bis Ellmau, dann links auf den Wochenbrunnweg, letztes Wegstück ist eine Mautstraße | **Öffnungszeiten** Mai–Okt. und Dez.–März, kein Ruhetag | **Tipp** Als alternativer Aufstieg von der Gaudeamushütte bietet sich auch der Klammlsteig an, entweder auf dem Normalweg zur Gruttenhütte oder in zwei Sektionen als Klettersteig. Hier sind Klettersteigausrüstung und Helm nötig.

4 Die Ackerlspitze

Vom Scheitern am Berg

Von 111 Orten und Bergen 110 selbst besucht und bestiegen, um darüber authentisch berichten zu können. 110 – fehlt da nicht einer? Ja, da fehlt ein Berg, und es ist genau die Ackerlspitze, mit 2.329 Metern der zweithöchste Gipfel des Kaisergebirges, an der Ostseite des Gebirgskamms gelegen, der auch »Ostkaiser« genannt wird. Dieser eine hat sich geziert und geziert und einfach nicht besteigen lassen. Und das hat ganz handfeste Gründe. Beim Berggehen muss ja einiges passen: das Wetter, der Schwierigkeitsgrad und die Tagesform. Wenn die Fitness stimmt, die Schwierigkeit aber Respekt einflößt, dann muss das Wetter mitspielen.

Als jedoch der Zustieg bis zum Wandfuß auf dem sogenannten »Niedersessel« geschafft ist, taucht plötzlich und unerwartet ein stark geneigtes, steiles Altschneefeld auf, und das Anfang August. Nebelschwaden ziehen auf und hüllen den Berg fast vollständig ein. Nur der Einstieg in die etwa 20 Meter hohe Wandstufe ist noch zu erkennen. Eine senkrechte Wand ohne Seilversicherung, mit spärlich gesetzten Eisentritten und ein paar Griffen. Und zwischen Wand und Schneefeld eine Randkluft, die man irgendwie überwinden muss. Schnee, Kälte und der Nebel, der die Sicht auf wenige Meter einschränkt, fordern allesamt zum Rückzug auf. Deshalb gibt es zu diesem Text auch kein Gipfelbild der Ackerlspitze, sondern nur ein Bild von der nebelverhangenen Wand, in die sich drei mutige junge Frauen gewagt haben, die schließlich auch gesund und munter und sehr stolz den Gipfel erreichten.

Sogar die »Huberbuam« erreichen nicht jedes ihrer Ziele im ersten Anlauf. Im nächsten Jahr gibt es dann bei besserem Wetter einen neuen Versuch.

Hat man die Ackerlspitze geschafft, ist es eine beliebte Tour, auch den Nachbargipfel, die Maukspitze – den östlichsten Pfeiler des Kaisergebirges –, zu besteigen und über die »Rampe« wieder nach Süden abzusteigen.

Adresse Am Kaiser, A-6353 Going, oder Startpunkt Wochenbrunner Alm, Wochenbrunnweg 44, A-6352 Ellmau am Wilden Kaiser | **ÖPNV** Postbus 4060 von Wörgl oder Sankt Johann bis Going beziehungsweise Ellmau | **Anfahrt** A 93, Ausfahrt Kufstein-Süd, über die B 173 und B 178 bis Going, Am Kaiser, beziehungsweise Ellmau, dann links auf den Wochenbrunnerweg, letztes Wegstück ist eine Mautstraße | **Öffnungszeiten** circa Mai–Okt. | **Tipp** Statt von der Wochenbrunner Alm und der Gaudeamushütte (4 Stunden, 15 Minuten) kann man auch von Going aus über die Ackerlhütte, eine Selbstversorgerhütte, auf die Ackerlspitze aufsteigen (circa 3 Stunden, 15 Minuten). Nur für Geübte!

5 Der Kirchplatz

Bergdoktors Lieblingsort

Sie schauen keine Heimatfilme? Keine Sissi, keine Lausbubengeschichten, keinen Bergdoktor? Nein, wir auch nicht. Aber der Kirchplatz in Going kommt einem dann doch bekannt vor. Irgendwo hat man den schon einmal gesehen. Diese Bergkulisse, der Zackenkamm des Wilden Kaisers, die Rokoko-Kirche mit dem Friedhof dahinter und den fürs Gebirge typischen reich verzierten schmiedeeisernen Kreuzen, der St.-Florian-Brunnen, das Gemeindeamt, daneben die Apotheke und der Gasthof »Wilder Kaiser« … Moment, das ist aber doch gar kein Gasthof – »Privat«, steht da auf einem Schild und: »Unbefugten Zutritt verboten«. Der Gasthof ist ein Privathaus, und praktisch jeder, der auf Bergdoktors Spuren wandelt, ist hier unbefugt und verständlicherweise unwillkommen. Denn dadrinnen gibt es kein Bier. Die Innenaufnahmen werden nämlich im Föhrenhof in Ellmau gemacht, auch am Wilden Kaiser, ein paar Kilometer weiter. Die Apotheke ist in Wirklichkeit das Pfarrhaus mit einem echten Pfarrer drin. Josef Haas heißt er, und er freut sich angeblich über den Zutritt Unbefugter, nur Salben und Tinkturen hat er nicht anzubieten.

Aber der Kirchplatz an sich ist echt. Ebenso das kleine Rondell aus Stein, das sich einmal wöchentlich zum Musikpavillon mausert. Die katholische Pfarrkirche zum Heiligen Kreuz sowieso. Sie beherbergt ein sehenswertes Deckenfresko und steht schon sehr lange hier, viel länger, als es den Bergdoktor gibt. Obwohl, das sind jetzt auch schon wieder einige Jahre, dass Hans Sigl den Dr. Martin Gruber im ZDF spielt, seit 2008 nämlich. Am Kirchplatz in Going steht in den Sommermonaten sein »Lieblingsplatzerl«, und davor gibt es eine drehbare Halterung fürs Handy, von wo aus man den ganzen Platz ideal einfangen und mit nach Hause nehmen kann, um dann bei der nächsten Staffel Heimatfilm sagen zu können: »Schau, genau da waren wir!« Tja, aber wir schauen ja keine Heimatfilme. Pech gehabt.

Adresse Kirchplatz, A-6353 Going | **ÖPNV** Postbus 4060 von Wörgl oder 4006 von Kitzbühel | **Anfahrt** A 93, E 60, Ausfahrt Kufstein, dann B 173 und B 178 bis Going und rechts auf den Kirchplatz | **Öffnungszeiten** immer geöffnet | **Tipp** Der Goinger Badesee soll der schönste Naturbadeweiher in ganz Tirol sein, behaupten nicht nur die Goinger. Piratenschiff und Kaiserblick inkludiert.

6 Die Almkäserei Burgeralm

Im Käse-Schlaraffenland

Kurz vor Mittag ist Almbäuerin Martha Fahringer gerade beim Drehen von Knödeln für die Gäste auf der Burgeralm. Die Alm liegt auf 1.330 Metern Seehöhe im Tiroler Kaiserwinkl, mit Blick auf den Zahmen und den Wilden Kaiser und jeder Menge Wandermöglichkeiten. Aber gut, bis das Knödelwasser kocht, nimmt sie sich Zeit und geht mit uns in die Käserei. Beim Wenden des Schnittkäses erzählt sie, dass sie von Mai bis Oktober auf der Alm ist und hier Frischkäse, Weichkäse, Schnitt- und Hartkäse herstellt. Der Schnittkäse Tilsiter Art reift in runden Laiben in weißen, luftdurchlässigen Formen. Verfeinert ist er mit Bockshornklee, einem geschätzten Brot- und Käsegewürz. Im Keller der zur kompletten Käserei umgebauten Alm lagert der würzige Bergkäse.

Martha Fahringer und ihr Mann Anton bewirtschaften einen Bauernhof in Rettenschöss, unten im Tal in der Nähe des Walchsees. Im Sommer sind sie mit circa 35 Kühen und ebenso vielen Kälbern anderer Bauern auf der Alm. Die gesamte Almmilch, die nicht von den Kälbern selbst getrunken wird, verarbeiten sie zu einer herrlichen Almbutter, zu Buttermilch und Käse. Wegen der Topqualität der Almmilch und der Heumilch, die in den Wintermonaten erzeugt wird, können die Fahringers bei ihrem Käse auf Zusatzstoffe und Konservierungsmittel vollständig verzichten, und darauf sind sie stolz. Mit ihrem Biokäse haben sie auch immer wieder Preise gewonnen. Verkauft wird er auf der Alm, im Tal auf dem Burgerhof und auf Bauernmärkten in Innsbruck. Gelernt haben die beiden das Käsemachen von der Pike auf. Dass sie außerdem viel Freude an ihrem Tun hat, das merkt man Martha Fahringer bei jedem Handgriff an.

Während sie dann ihre Knödel für die Gäste fertig kocht, lassen wir uns unsere Käsebrotzeit schmecken: verschiedene hausgemachte Almkäsesorten, dazu fein gewürztes Brot und frische Almbutter. Leben wie Gott … auf der Alm!

Adresse Feistenau, A-6342 Rettenschöss, www.burgeralm.at | ÖPNV Postbus 4030 von Kufstein bis Rettenschöss | Anfahrt A 8, Ausfahrt Frasdorf, über St 2093, dann B 175 nach Gränzing, Ritzgraben, Dorf bis Feistenau Parkplatz oder weiter über die Mautstraße bis zur Burgeralm | Öffnungszeiten Mai–Okt. Almbetrieb | Tipp Östlich von Rettenschöss, Richtung Walchsee, befindet sich das Naturschutzgebiet »Schwemm«, ein Moor- und Feuchtgebiet, das Sie in 1,5 Stunden zu Fuß, auch mit Kinderwagen, umrunden können. Vom Aussichtsturm auf der Nordseite des Moors haben Sie einen besonderen Blick auf Flora und Fauna des Hochmoors.

7_Der Hintersteiner See

Glasklares Trinkwasser

Am Hintersteiner See, einem der schönsten und saubersten Seen Tirols, kann man schon mal auf Hans Sigl, den Bergdoktor, treffen, der, begleitet von einem Kamerateam, mit Wanderern ein Schwätzchen hält und Werbung für seine nächste Staffel macht. Der Schauspieler ist bekannt wie ein bunter Hund. Vielleicht ist er einfach gern am lieblichen Hintersteiner See mit seinem sauberen Wasser, dem wunderbaren Blick auf die zackigen Gipfel des Wilden Kaisers und die grüne Vorgebirgslandschaft.

Neben dem Bergdoktor kann man hier über dem See auch auf Zebu-Rinder treffen, die in Herdenstärke auf einer Bergwiese weiden. Den beeindruckendsten der charakteristischen Buckel schleppt der Bulle mit sich herum. Dabei sind wir ziemlich weit weg vom indischen Subkontinent und auf 882 Metern Höhe. Um den See führt ein Rundweg mit urigen Jausenstationen, und auf die nächsthöheren Almen führen richtig schöne Familienwanderwege. Da brauchen Sie keine Kletterausrüstung.

Entstanden ist der Hintersteiner See während der letzten Eiszeit. Er wird von unterirdischen Quellen gespeist, was darauf hinweist, dass die Durchschnittstemperatur auch im Sommer nicht wesentlich über 20 Grad liegt. Der überschaubare See, der in einer Stunde leicht umwandert ist, hat sogar ein eigenes kleines Strandbad.

So ist Hinterstein ein familienfreundliches Hochtal, das zum Wandern einlädt und zum Draußensein in der Natur. Im Biergarten sitzend, Tiere beobachtend, so kann man es hier gut aushalten. Am Westende des Sees, auf einer Anhöhe, gibt es eine Biopension mit allerlei Tieren am Hof und einem »Wandererhäusl« für alle die, die auch im Hochtal auf das echte Hüttenfeeling mit Doppel- oder Mehrbettzimmern, knarzenden Holzböden und Toiletten am Gang nicht verzichten wollen. Alles echt idyllisch und urig und im Gegensatz zum gelegentlichen Bergdoktor-Trubel sogar wirklich entspannend und erholsam.

Adresse Hinterstein, A-6351 Scheffau am Wilden Kaiser | **ÖPNV** Hintersteiner Seebus von Scheffau, Mai–Okt. | **Anfahrt** A 93, Ausfahrt Kufstein-Süd, über die B 173 und B 178, dann L 207 nach Scheffau am Wilden Kaiser, über Gaisberg und Hinterstein zum See | **Öffnungszeiten** ganzjährig geöffnet, baden von Mai–Sept. | **Tipp** Von Hinterstein ist es nicht weit nach Kufstein am grünen Inn mit einer sehenswerten Altstadt, die noch Reste des typischen Inn-Salzach-Stils sowie einige beeindruckende Jugendstilbauten aufweist.

8 Die Hohe Salve

Vom schönen Mann und der wallfahrenden Kröte

Die Hohe Salve bei Söll gehört zu den schönsten Tiroler Aussichtsbergen. Doch nicht nur ihre prominente Lage mit phantastischem Ausblick auf den Wilden und den Zahmen Kaiser, den Großglockner, den Großvenediger, die Zillertaler Alpen und die Hohen Tauern macht sie zu einem ganz besonderen Berg: Auf dem Gipfel der Hohen Salve steht nicht nur ein Gipfelkreuz, sondern ein ganzes Kirchlein. Mit 1.829 Metern ist das »Salvenkirchlein« die höchstgelegene Wallfahrtskapelle Österreichs. Schriftlich wird sie erstmals 1589 erwähnt. Andreas Schwender aus Brixen hat sie aus Dank für die Genesung von einer schweren Krankheit errichtet. Geweiht ist sie Johannes dem Täufer. Die Hohe Salve wurde zum Ziel einer viel begangenen Wallfahrt, die neben dem seelischen Wohl auch Erlösung von Kopfleiden versprach.

Zur Wallfahrt auf die Hohe Salve gibt es noch eine ungewöhnliche Sage. Ein schöner Jüngling hatte sich mit falschen Freunden eingelassen und war dadurch zum Räuber geworden. Als er in höchster Not gelobte, falls er gerettet würde, eine Wallfahrt auf die Hohe Salve zu machen, geschah tatsächlich das ersehnte Wunder seiner Rettung. Von da ab war er, so heißt es, zwar brav und fleißig, doch sein Versprechen löste der Undankbare nie ein. So wurde er nach seinem Tod in eine Kröte verwandelt und musste von Bayern aus bis zur Hohen Salve pilgern, bevor er, nachdem er dreimal um den Altar gehoppelt war, wieder zurückverwandelt wurde und als Mensch sterben durfte.

Berühmter noch als für die Wallfahrt ist die Hohe Salve als Skigipfel in einem der größten Skigebiete Österreichs. Schneesicher und variantenreich erschlossen, findet hier jeder eine Abfahrt, die zu seinen Ansprüchen passt.

Im Sommer kommt man von Westerndorf bequem auf einem Wanderweg zum Gipfel oder, sportlich anspruchsvoller, mit dem Mountainbike. Als schnellere und bequeme Alternative bietet sich ganzjährig die Kabinenbahn an.

Adresse Berg- und Skilift Hochsöll, Stampfanger 21, A-6306 Söll, Tel. +43/5333/52600, www.skiwelt.at | **ÖPNV** Bus 4061 von Dorf Söll, Haltestelle Söll Hexenwasser Talstation | **Anfahrt** A 93, Ausfahrt Kufstein-Süd, über die B 173 und B 178 bis Söll, im Dorf vom Kreisverkehr links in den Stampfanger | **Öffnungszeiten** Sommerbetrieb von Mai–Okt., Winterbetrieb von Dez.–Anfang April | **Tipp** In der Region Wilder Kaiser stehen Ihnen als Teil der größten E-Bike-Region weltweit 275 Elektrofahrräder und 75 Verleih- oder Akkuwechselstationen zur Verfügung. Geführte E-Bike-Touren führen Sie auch entlang der vielen Wege des Bergdoktors in der Kaiserregion (www.wilderkaiser.info).

9 Die Stoißer Alm

Ein echtes Familienziel auf dem Teisenberg

Der Teisenberg ist wirklich ein Berg. Er ist der nördlichste 1.000er der Alpen und gehört zu den Chiemgauer Alpen. Sein höchster Punkt heißt »Schneid« und erreicht ganze 1.333 Meter. Man kommt leicht rauf und hat eine sehr schöne Rundumsicht – im Norden über Chiemsee und Waginger See bis zum Bayerischen Wald, im Osten nach Salzburg und im Süden über die Gipfel der Berchtesgadener Alpen, das Sonntagshorn und die Loferer Steinberge bis zum Wilden Kaiser. Das allein ist es wert, die ein bis zwei Stunden Aufstieg anzupacken.

Etwas unterhalb der Schneid liegt das eigentliche Ziel der Tour, die Stoißer Alm, auf der sich drei junge Sennerinnen um die Gäste und das Vieh kümmern. Sie kochen und backen und setzen einen Schnaps aus Fichtenhonig an, den es angeblich nur hier oben gibt. Geheimrezept, logisch. Als wir am Almkirtag auf die Stoißer Alm aufsteigen, wird gerade eine Bergmesse gefeiert, und alle Gipfelstürmer finden sich an der Kapelle ein, um sich den Segen abzuholen, denn »den kann man immer brauchen«. Danach füllt sich die Terrasse, kühles Bier wird ausgeschenkt, es gibt frisches Schmalzgebackenes. Die Wiese unterhalb der Alm gehört den Kühen, am Almzaun parken die Mountainbiker ihre Fahrzeuge, mit denen sie die Forststraße heraufgekeucht sind.

Über Jahrhunderte wurde am Teisenberg Eisenerz abgebaut und im nahen Achthal verhüttet. Von 959 bis 1810 verlief die Grenze zwischen dem Erzstift Salzburg und Bayern mitten durch die Erzlagerstätten. Zeugen dieser Epoche sind die vielen Häuser aus Naturstein mit dunklen Schlackebrocken in der Gegend um Teisendorf. Heute kommen keine Bergmänner mehr herauf, nur die Bauern und Sennerinnen der Freidlinger Almgenossenschaft, die die Stoißer Alm seit 1928 »bestoßen«. Nach dem Almabtrieb Mitte September kehrt dann wieder Ruhe ein auf dem Teisenberg. Obwohl – mit dem ersten Schnee kommen die Skitourengänger.

Adresse auf dem Teisenberg, D-83454 Anger, www.stoisseralm.de | ÖPNV RVO-Bus 829 bis Teisendorf; zu besonderen Anlässen wie Bergmessen, Almkirtag oder Ähnlichem fährt ein Bus auf die Stoißer Alm, Auskünfte unter Tel. 08666/7184 | Anfahrt A 8, Ausfahrt Neukirchen, auf der Bergstraße bis Seiberstadt | Öffnungszeiten vom 1. Mai – Ende Okt. bewirtschaftet | Tipp Wer sich für den Bergbau am Teisenberg interessiert, sollte sich das Museum im nahen Achthal mit der Knappenkapelle Maria Schnee ansehen (www.bergbaumuseum-achthal.de).

10 Der Geigelstein

Ein Paradies für raue Füße

Der Geigelstein, mit 1.813 Metern einer der Riesen der Chiemgauer Alpen, hat den Beinamen »Blumenberg«, weil man hier eine einmalige Vielzahl und Vielfalt an Bergblumen findet. Etwa 720 Farn- und Blütenpflanzen, Enziane, Orchideen, Disteln, davon etwa 111 geschützte Arten, kann man hier finden. Und auch die Raufußhühner fühlen sich hier wohl, das sind: Auerhuhn, Birkhuhn und Alpenschneehuhn. Sie sind perfekt an das raue Klima der Hochgebirgsregionen angepasst. Auch Brutpaare von Steinadlern und Wanderfalken leben am Geigelstein. Ein Glücksfall? Zufall? Eher nicht.

1975 sollte der Blumenberg umgekrempelt und ausgebaut werden. Eine Skischaukel stellte man sich vor, die von Schleching im Achental bis nach Sachrang im Priental reichen sollte. Der Wintersport hätte den Raufußhühnern am Geigelstein mit Sicherheit den Garaus gemacht. Doch dazu sollte es nicht kommen. 1975 gründete sich eine Bürgerinitiative mit 600 Mitgliedern. »Rettet den Geigelstein« war ihr Motto, und genau das ist nach fast 20-jährigem Engagement gelungen. Seit 1991 ist der Geigelstein Naturschutzgebiet, dessen Auflagen weitestgehend mit den Almbauern abgestimmt wurden, denn die Almwirtschaft sollte am Geigelstein erhalten bleiben. Ein Skiberg im großen Stil ist er zum Glück nicht geworden. Die Skitourengänger müssen sich an Sperrzeiten bis ins späte Frühjahr hinein halten und dürfen nur bestimmte Routen begehen. Im Großen und Ganzen funktioniert das auch.

Doch schlafen die Retter des Geigelsteins bis heute nicht. Wenn es um Ausbaupläne auf ihrem Berg geht, sind sie zur Stelle. Als in den 1990er Jahren eine breite Zufahrt zur Roßalm von den Behörden durchgewunken wurde, schritten die Naturschützer erneut ein, und die Gerichte gaben ihnen recht. Die Touristen, die in diesen Teil des Chiemgaus kommen, wollen kein »Klein-St.-Moritz«, sondern Natur und damit ein Stück Welt, das einigermaßen intakt ist. Und das finden sie hier tatsächlich.

Adresse Priener Hütte, Huben 50, D-83229 Aschau im Chiemgau, prienerhuette.de | **ÖPNV** Bus 9502 von Aschau, Haltestelle Sachrang | **Anfahrt** A 8, Ausfahrt Frasdorf, auf der St 2093 bis Sachrang | **Öffnungszeiten** Hütte ganzjährig bewirtschaftet | **Tipp** Auf der Priener Hütte wird in den Sommermonaten wöchentlich Brot gebacken. Das Geigelsteiner Holzofenbrot gibt es auch zum Mitnehmen.

11 Der Tauron

Wo der Blick weit wird

Tauron, das hat nichts mit Tolkien und dem »Herrn der Ringe« zu tun. Aber es klingt geheimnisvoll. Gemeint ist eine Hochebene in den Chiemgauer Alpen, Grasland, eine Weide für die Kühe der hier gelegenen Alm, aber eine mit sensationellem Ausblick. Der Name »Tauron« klingt alt. Vielleicht bedeutet er, wie auch von den »Tauern« angenommen, so viel wie Pass oder Übergang im Gebirge. Oder der Stier, »taurus«, ist für den Namen verantwortlich. Dabei liegt hier oben einzig und allein die Roßalm, auf die früher die Arbeitspferde der Bauern aufgetrieben wurden, nicht die Stieralm. Das Tauron-Plateau auf 1.640 Metern Seehöhe wird begrenzt von den Aschentaler Wänden im Norden und dem Roßalpenkopf im Süden. Von hier oben sieht man hinaus ins Flachland, auf die Rückseite der Kampenwand und hinüber zu den Loferer und den Berchtesgadener Bergen.

Was ist das Schlimmste, das einem auf der Roßalm passieren kann? Dass am nächsten Tisch drei Metzger sitzen und die Sennerin dazu bewegen wollen, dass sie ihren Gästen nicht nur Käse- und Speckbrot und ofenwarmen Topfenstrudel anbietet, sondern unbedingt auch einen Rinderbraten. Gut, dass die vierbeinigen Kuhdamen ringsum mit Fressen und Wiederkäuen beschäftigt sind und Menschen aus anderen Gegenden wegen ihrer Prägung auf das Bairische wahrscheinlich sowieso nicht verstehen.

Die Roßalm ist nicht nur die höchste Alm des Chiemgaus, sondern überhaupt eine der höchsten bewirtschafteten Almen der Alpen. Sie hat ein einfaches Blechdach, keine feinen Holzschindeln, und sieht auch sonst wenig touristisch aus. Eher nach ehrlicher Arbeit. Der Käse auf dem Käsebrot ist ein Weihenstephaner Almkäse, denn dorthin liefert der Almbauer seine Milch. Die Sennerin bereitet selbst einen Weichkäse auf der Alm zu und einen legendären Topfenstrudel. Also eine gute Adresse für Kaffee und Kuchen. In 2,5 Stunden ist man locker hinaufgewandert.

Adresse Startpunkt: Hainbach, D-83229 Aschau im Chiemgau, Aufstieg über Vordere Dalsenalm und Weitlahnerkopf | **ÖPNV** Bus 9502 von Aschau, Haltestelle Hainbach | **Anfahrt** A 8, Ausfahrt Frasdorf, auf der St 2093 bis Hainbach | **Tipp** Im nahen Aschau im Chiemgau hat der Schauspieler Hans Clarin, den meisten bekannt als die Stimme des rothaarigen Kobolds Pumuckl, über 30 Jahre gelebt und gearbeitet. Sein Grab befindet sich auf dem Aschauer Gemeindefriedhof.

12 Der Ewigkeitsweg

Zurück zur Natur

Wer am Wochenende eine Bergtour auf einen der beliebten Chiemgauer Gipfel wie die Kampenwand unternimmt, der braucht vielleicht danach noch etwas Erholung und Stille. Beides findet man ziemlich sicher in einem der Hochmoore, die um den Chiemsee herum Filze heißen. Zum Beispiel in den Kendlmühlfilzen bei Grassau. War eben noch Jubel, Trubel, Heiterkeit mit Kaspressknödlsuppe und Kaiserschmarrn auf der Hütte, so ist man auf dem Ewigkeitsweg, den man von Mietenkam, einem Gemeindeteil von Grassau, leicht erreicht, ganz für sich.

Den Namen »Ewigkeitsweg« bekam er, weil er das Moor in der ganzen Breite von Ost nach West schnurgerade durchquert und man wegen seiner Länge doch nie das Ende des Weges erkennen kann. Für Spaziergänger heute ist das eine zu meisternde Aufgabe. Für die Gefangenen der Justizvollzugsanstalt Bernau, die hier zum Torfabbau abkommandiert waren, war es eine echte Herausforderung. In heißen Sommern, bei schwerer Arbeit, kann einem der Weg schon ewig lang werden.

Gleich zu Beginn des Weges, bei einer mächtigen Kiefer, stehen Orchideen am Wegesrand. Es ist das Knabenkraut, das man an den unscheinbaren Blättern leichter als Orchidee erkennt als an den rosafarbenen Blüten, die um einen einzigen Stiel herumwachsen. Im Moor leuchten dann die weißen Köpfe des Wollgrases wie dicke Schneeflocken. Sogar der Sonnentau kommt hier vor. Nach circa 35 Minuten erreicht man einen Aussichtsturm, der einen weiten Blick über die Kendlmühlfilzen bietet, eine Fläche von 900 Hektar, die heute unter Naturschutz steht. Bis in die 1980er Jahre wurde hier Torf als Brennmaterial und Gartenerde abgebaut. Eine Bürgerinitiative erkämpfte schließlich 1988 ein Ende der Naturzerstörung und die Rettung des größten Hochmoors in Südbayern. Wenn Sie den Ewigkeitsweg bis nach Rottau zum westlichen Ende durchgehen, kommen Sie zu einem kleinen, aber interessanten Moorlehrpfad.

Adresse Startpunkt: Ortsmitte Mietenkam, D-83224 Grassau, an der Kirche Sankt Margaretha | **ÖPNV** RVO-Bus 9509, Haltestelle Mietenkam | **Anfahrt** A 8, Ausfahrt Übersee, der Feldwieser und Grassauer Straße folgen bis Mietenkam | **Öffnungszeiten** immer geöffnet | **Tipp** Im Bayerischen Moor- und Torfmuseum Rottau, das von engagierten Bürgern ehrenamtlich aufgebaut wurde und betreut wird, können Sie den 1920 erbauten Torfbahnhof Rottau besuchen und sogar eine Fahrt mit der Feldbahn durchs Moor machen (www.torfbahnhof-rottau.de).

13__Die Loferer Alm

Agenten sterben einsam

800 Meter über dem Saalachtal erstreckt sich die Loferer Alm, die größte Pinzgauer Genossenschaftsalm. Mehrere hundert Kühe, Kälber und Kalbinnen verbringen hier ihren Sommerurlaub. Schon seit Jahrhunderten gibt es für diese Gäste eine bewährte Infrastruktur. 1931 war der Verleger des Bergverlags Rudolf Rother von der Landschaft auf der Loferer Alm so beeindruckt, dass er sich entschloss, hier ein imposantes und komfortables Berghotel nur aus Holz und Naturstein zu errichten, das er nach seiner Tochter »Haus Gertraud in der Sonne« nannte.

Zur Errichtung holte er sich Unterstützung vom Loferer Gastronomen Karl Baumgartner. Der kam der Liebe wegen nach Lofer. Er heiratete 1921 die Brauerei-Erbin Anna Rauchenbichler. Davor war er der letzte Adjutant von Erzherzog Franz Ferdinand gewesen und bei ihm, als er zusammen mit seiner Gemahlin 1914 in Sarajevo dem Attentat zum Opfer fiel, das den Ersten Weltkrieg auslöste. Das Hotel wird bis heute ganzjährig bewirtschaftet und beeindruckt als monumentales Zeugnis der Anfänge des Bergtourismus die Besucher. Es war auch Pionier für die Entwicklung des Skilaufs in Lofer, denn in den 1970er Jahren errichteten die Hoteliers hier die ersten zwei Skilifte. Bis zum Bau einer Sesselbahn vom Loderbichl zur Loferer Alm wurden Skifahrer in einer abenteuerlichen Fahrt im Geländewagen von der Mittelstation auf einem Ziehweg bis zur Loferer Alm befördert.

Das ist Geschichte. Mehrere moderne Kabinenbahnen, Sessel- und Schlepplifte erschließen heute das komfortable Skigebiet, das sich aufgrund des sanften Almgeländes und seiner Übersichtlichkeit vor allem Familien mit Kindern empfiehlt. Und wie war das mit »Agenten sterben einsam«? Clint Eastwood und Richard Burton, begleitet von der schönen Elizabeth Taylor, sorgten auf der Loferer Alm in den 1960er Jahren für Trubel, als Teile des Filmklassikers hier abgedreht wurden.

Adresse Bergbahn Lofer GmbH, Lofer 275, A-5090 Lofer, www.skialm-lofer.com | **ÖPNV** ÖBB-Bus 260 von Salzburg oder Zell am See, Haltestelle Lofer Tourismusverband, von dort Aufstieg zu Fuß oder mit der Seilbahn | **Anfahrt** A 8, Ausfahrt Siegsdorf, auf der B 306 und B 305 nach Schneizlreuth, dann auf der B 178 und B 311 bis Lofer und der Beschilderung »Almbahn« folgen | **Öffnungszeiten** Sommer von Mai–Okt., Winterbetrieb von Dez.–Mitte April, je nach Wetter und Schneelage | **Tipp** »Das Bräu« in Lofer hat einen unter Denkmalschutz stehenden Bräusaal, der von Clemens Holzmeister, dem Architekten des Salzburger Festspielhauses, entworfen wurde. Man kann ihn sogar mieten (www.hotelbräu.at).

14 Der Winklfischer

Chiemseefisch am Steckerl

Ein »Steckerl« ist zwar ein Stock, aber ein Steckerlfisch ist deshalb noch lange kein Stockfisch. Dies sei als Erklärung für Nicht-Bayern und Nicht-Oberösterreicher vorausgeschickt. Ein Steckerlfisch kann ein Süßwasser- oder Meeresfisch, wie die Makrele, sein, der traditionell auf einen Weidenstock gespießt und dann über Holzkohle gegrillt wird. Davor wird er noch mit Öl, Zitrone und Gewürzmischungen eingerieben, die im Normalfall nicht verraten werden. Steckerlfische kann man auf dem Oktoberfest in München essen, zum Beispiel im Fischer-Vroni-Festzelt. Oder, bestimmt frischer, besser und auf jeden Fall preisgünstiger, direkt bei den Chiemseefischern. Zum Beispiel in einer kleinen, urigen Fischerhütte im Priener Ortsteil Osternach direkt am See.

»Winklfischer« Dieter Ihm nennt seine Holzhütte zwischen See und Chiemsee-Radweg eine Steckerlfisch-Braterei. Viele Plätze gibt es nicht, weder in der Hütte noch auf der Holzterrasse überm Wasser, und die sind meistens belegt oder reserviert. Denn den Leuten schmeckt's, und wie. Der Fisch – Renken, Brachsen, Aale – kommt immer fangfrisch auf den Tisch, ob am Steckerl, als Back- oder Räucherfisch oder als eine der hausgemachten Fischspezialitäten. Als Beilagen gibt es frische Brezen, Semmeln, Brot und den guten bayerischen Kartoffelsalat. Dazu trinkt man Bier oder Weißwein und hinterher vielleicht noch einen der hervorragenden Edelbrände aus eigener Brennerei. Was will der Mensch mehr? Nichts!

Fischer Dieter Ihm ist Mitglied in der Fischereigenossenschaft Chiemsee, die schon seit 1897 besteht. Die Fischerei am Chiemsee ist ein traditionsreiches und bis heute lebendiges Gewerbe. 17 Berufsfischer gehören der Genossenschaft an, die ihrem Gewerbe zum Teil seit vielen Generationen nachgehen. Sie kümmern sich darum, dass der Fang reglementiert und der Fischbestand im Chiemsee auch für die Zukunft gesichert wird. Gute Wasserqualität und intakte Uferzonen sorgen für ideale Fischkinderstuben im »Bayerischen Meer«.

Adresse Forellenweg 28, D-83209 Prien am Chiemsee, Tel. +49/8051/64317, www.winklfischer.de | ÖPNV mit der Chiemseebahn bis Prien-Stock, dann auf der Seestraße 15 Minuten zu Fuß | Anfahrt A 8, Ausfahrt Bernau, Richtung Prien, dort von der Seestraße links in die Osternacher Straße bis zum Forellenweg | Öffnungszeiten Sa, So und Feiertage ab 12 Uhr | Tipp In Prien-Stock können Sie eines der Schiffe zu den Inseln oder zu einer Inselrundfahrt besteigen. Schlechtwetter-Alternative wäre ein Besuch im Erlebnisbad Prienavera direkt am See (www.prienavera.de).

15 Der Hochfelln

You never walk alone

Der Hochfelln, markanter Gipfel der Chiemgauer Alpen und 1.674 Meter hoch, ist ein beliebter Berg. Und weil eine Seilbahn von Bergen hinaufführt, trifft man hier alle: von Klosterschwestern im Biergarten des Hochfellnhauses über Babys in geländegängigen Kinderwägen bis zur Oma mit Gehstock. Man kann natürlich auch zu Fuß heraufwandern. Von der Steinbergalm aus ist man in knapp zwei Stunden oben. An heißen Tagen strömt alles in die höchstgelegene Gastronomie des Chiemgaus und dann zum Gipfelkreuz hinauf, um den Blick über die Chiemseeinseln und das Wasser drum herum schweifen zu lassen.

Am höchsten Punkt steht nicht das Kreuz, sondern eine Kapelle mit überdachter Terrasse. Es ist die Tabor-Kapelle, benannt nach dem Berg Tabor in Israel, und ihr Patrozinium ist die »Verklärung des Herrn«, die auf dem Altarbild deutlich zu erkennen ist. Die Kapelle wurde in den 1970ern neu erbaut, nachdem der Blitz in den Vorgängerbau eingeschlagen hatte. Drachenflieger starten hier, und ein einheimischer Bergfex erklärt das Panorama vom Wilden Kaiser bis zum Dachstein, dessen Gletscher weiß herüberblinken.

Von oben sieht man auch den alternativen Abstieg über die Strohnschneid, einen langen Bergrücken, der sich Richtung Osten bis Ruhpolding zieht. Der Weg ist nicht markiert, aber gut erkennbar und nur für Geübte geeignet, denn mal geht es links, mal rechts vom Weg steil nach unten. Man muss schon aufpassen, wohin man die Füße setzt. Der Weg schlängelt sich lustig durch die Latschen. Die Strecke zieht sich, aber nach einer Stunde ist das Kreuz erreicht. Kurz danach ein Steinhaufen, der die Abzweigung nach unten markiert. In Serpentinen geht es über Stock und rutschigen Stein bergab. Unten noch ein paarmal über den Weidezaun oder darunter durchgeklettert, und schon ist man zurück auf der Steinbergalm und hat sich einen Zwetschgendatschi redlich verdient. Aber bitte mit Sahne!

Adresse Startpunkt: Steinbergalm 1, D-83324 Ruhpolding, steinberg-alm.de; oder Seilbahn: D-83346 Bergen, www.hochfelln.de | **ÖPNV** Bahnhof Ruhpolding oder Bus 9512 von Traunstein, Bus 9508 von Siegsdorf zu den Hochfelln-Seilbahnen in Bergen | **Anfahrt** A 8, Ausfahrt Siegsdorf, auf der St 2098 nach Ruhpolding, auf die Maiergschwendter Straße bis zur Steinbergalm; Ausfahrt Bergen und auf der TS 6 zur Talstation der Seilbahn | **Öffnungszeiten** Seilbahnen im Sommer 9–17 Uhr, im Winter bis 16.30 Uhr | **Tipp** Ein Stück weiter liegt die Blickner Alm, eine Pension ausschließlich für Hundebesitzer, mit eigenem Hundeübungsplatz und Gassiservice im Winter, während Herrchen und Frauchen Ski fahren gehen (www.blickner-alm.de).

16 Das Holzknechtmuseum

Ein »Muas« für starke Männer

Dass die Holzarbeit im Wald echte Knochenarbeit und sehr gefährlich ist, weiß jeder, der schon einmal Holz für seinen Kachelofen selbst geschnitten und aus dem Wald geholt hat. Umso mehr in vergangenen Zeiten, ohne Motorsäge, Landrover oder industriellen Holzvollernter. Über das Leben der Holzknechte und Waldarbeiter wird mit vielen Exponaten und originalgetreu wiederaufgebauten Hütten im Freigelände des Holzknechtmuseums in Laubau bei Ruhpolding erzählt. Nicht nur für Kinder ist es ein Abenteuer, die Waldhäuser mit ihrer ursprünglichen Einrichtung, zum Beispiel dem »Bograd«, dem Gemeinschafts-Schlafplatz der Holzknechte, zu entdecken.

Das »Muas« (Mus) war bis in die 1950er Jahre hinein das Hauptnahrungsmittel für die Holzarbeiter, das sie sich in ihren Waldhütten selbst zubereiteten. Sie brauchten dazu Mehl – sechs Pfund pro Mann und Woche –, Wasser, Salz und Schweineschmalz, davon etwa drei Pfund. Das Mus wurde mit Beeren oder Pilzen verfeinert und direkt mit dem Löffel aus der Pfanne gegessen. Wer Brot, Eier oder Wurst hatte, war schon ein König. Milch und Quark holten sich die Waldarbeiter auf den Almen. Erst später gab es dann Konserven und Vorgekochtes, als die Wege zur Arbeit mit dem Auto zurückgelegt werden konnten.

Auch bei der Architektur der Hütten gibt es genug zu staunen. Zum Beispiel den Mini-Balkon der Walchersbachstube, Baujahr 1849. Sie war die Winterstube für mehrere Holzknechte in den Bayerischen Saalforsten bei Leogang. Der Balkon diente dabei nicht der schönen Aussicht, sondern war als Notausstieg im Brandfall gedacht. Oder der aus Abfallprodukten gebaute »Rindenkobel«, in dem bis ins 19. Jahrhundert hinein auf Farn und Gras geschlafen wurde. Im »G'wand« (in den Kleidern) und unter einer Decke. Der Farn war gut gegen Rheuma und Flöhe. Zehn Jahre hielt das Material, dann musste es erneuert werden. So auch im Holzknechtmuseum in Laubau.

Adresse Laubau 12, D-83324 Ruhpolding, www.holzknechtmuseum.com | ÖPNV RVO-Bus 9506 von Ruhpolding oder Reit im Winkl | Anfahrt A 8, Ausfahrt Siegsdorf, auf der St 2098 nach Ruhpolding, dann B 305 bis Laubau | Öffnungszeiten 10–17 Uhr, außerhalb der Hauptsaison Mo geschlossen | Tipp Nur wenige Kilometer weiter Richtung Seegatterl kommen Sie nach »Klein-Kanada«. In den drei idyllischen Seen Weitsee, Mittersee und Lödensee können Sie schwimmen oder von hier aus eine Radrundtour starten.

17 Die Hörndlwand

Felszahn mit Fernsicht

Wenn Sie schon auf der Kampenwand waren oder Ihnen dort zu viele Menschen herumlaufen, dann gehen Sie doch einmal auf die Hörndlwand. Der Gipfel ist leicht zu erreichen, Sie haben eine phantastische Fernsicht, sind außer am Wochenende fast allein, finden nicht nur ein Gipfelkreuz, sondern drei, und die Hörndlwand ist auch noch um 15 Meter höher als die Kampenwand, nämlich genau 1.684 Meter. An einem normalen Wochentag kann es sein, dass in der Luft mehr los ist als am Boden: Gleitschirmflieger und Drachenflieger vom Hochfelln, Hubschrauber, Segelflieger und dazu noch ein paar Kolkraben. Bis auf den Hubschrauber und die Raben sind alle sehr leise.

Startpunkt ist der Wanderparkplatz am Ortseingang von Seehaus, das zu Ruhpolding gehört. Der rechte Weg führt an einem Bachlauf entlang bis zur bewirtschafteten Branderalm auf 1.135 Metern. Mountainbiker fahren den linken Forstweg zur Alm hinauf. Danach teilt sich der Weg. Links führt der Normalweg über das Ostertal hinauf zum Gipfel, rechts kommt man zur nicht bewirtschafteten Hörndlalm, wo der Jägersteig über den Nordgrat zum Gipfel führt. Für Geübte ist der Felssteig eine nette Tour. Unter dem Gipfel kommen beide Wege wieder zusammen. Aufstiegszeit circa 2,5 bis drei Stunden. Der Gipfelanstieg erfordert ein wenig Einsatz der Arme, oben genießt man die tolle Fernsicht vom Kaisergebirge über Steinplatte, Loferer Alm und Loferer Steinberge zum Sonntagshorn, zu den Berchtesgadener Gipfeln Reiteralm, Watzmann und Untersberg und in die Chiemgauer Alpen vom Hochfelln über die Kampenwand bis zum Geigelstein. Nach Süden liegt die Osterwiese unter dem Gipfelaufbau, eine ideale Arena für die Balz von Auerhahn und Birkhahn mit formidabler Aussicht.

Der Abstieg erfolgt über das Ostertal über einen steinigen, aber mit Blüten übersäten Abhang. In vielen Serpentinen geht es durch Latschen zurück in die üppige grüne Berglandschaft.

Adresse Startpunkt: Wanderparkplatz Seehauser Straße, D-83324 Ruhpolding | **ÖPNV** RVO-Bus 9506 oder 9535, »Mozart-Express«, Haltestelle Seehaus | **Anfahrt** A 8, Ausfahrt Siegsdorf, auf der B 305 bis Seehaus | **Tipp** Auf der Branderalm wird ein feiner Weichkäse gemacht und in Öl, Knoblauch und Kräuter eingelegt. Wenn Sie ein Schraubverschlussglas mitbringen, geben Ihnen die Sennerinnen auch etwas davon zum Probieren ab.

18 Das Achendelta

Mit »Birgit« zum Delta der Tiroler Achen

»Birgit« ist eine schon etwas ältere Dame. In ihrer Jugend war sie Hafenbarkasse in Hamburg, jetzt bringt sie auf einer Erlebnisfahrt Kinder und Erwachsene auf den Chiemsee und zum Delta der Tiroler Achen. Das Problem ist, dass man das besterhaltene Binnendelta Mitteleuropas eigentlich nur aus der Luft gut erkennen kann, denn ein Betreten oder nahes Heranfahren mit einem Boot ist verboten. Das Delta ist schon seit 1954 eine Schutzzone für Wasservögel. Am Chiemsee hat man bisher circa 300 verschiedene Vogelarten beobachtet, fast die Hälfte davon brütet regelmäßig im Schutzgebiet. Dazu gehören Schellente, Schwarzhalstaucher, Brachvogel, Tüpfelralle und Bekassine.

Auf der »Birgit« gibt es viel zu erleben. Wenn Kapitän Mario das Boot anhält, packt Naturführer Jürgen Pohl seine Bildtafeln zur eiszeitlichen Entstehung des Chiemsees aus, führt anschaulich vor, was Prien und Tiroler Achen an Steinen und Sand in den See eintragen. Er packt Instrumente aus, mit denen Wasser aus unterschiedlichen Schichten des Sees geschöpft, die Wassertemperatur in verschiedenen Tiefen gemessen, die Wasserfarbe bestimmt wird, Bodenproben vom Seegrund genommen und Kleinstlebewesen betrachtet werden. Dabei lernt man, dass sich die meisten der winzigen Krebse in etwa 20 Metern Tiefe aufhalten, wo nur noch ein Prozent des Lichts ankommt, damit sie nicht so leicht gefressen werden. Erst in der Dämmerung steigen sie an die Wasseroberfläche auf, um selbst zu fressen. Das wiederum wissen aber die Renken und Felchen, sonst wären sie längst ausgestorben.

Mit den praktischen Beispielen und gut aufbereitetem Hintergrundwissen bekommt man auf der »Birgit« eine Ahnung von der Vielfalt des Lebens im und am Bayerischen Meer und eine Einsicht in die Notwendigkeit, diese Vielfalt zu schützen und zu erhalten. Auch wenn das bedeutet, dass das Delta der Tiroler Achen am besten aus der Luft angeschaut wird.

Adresse Startpunkt: Dampfersteg Übersee-Feldwies, neben Seewirtschaft, Julius-Exter-Promenade 11, D-83236 Übersee | **ÖPNV** Bus 9509, Haltestelle Dampfersteg | **Anfahrt** A 8, Ausfahrt Übersee, über die Seestraße zur Julius-Exter-Promenade | **Tipp** Mit den Chiemsee-Naturführern können Sie auch eine Bibertour an die Prienmündung oder eine Fledermausführung mit Detektor und Scheinwerfer unternehmen. Genaueres unter www.landschaftsfuehrer.com oder www.chiemseeagenda.de.

19 Das Heutal

Mäander-Hochmoor auf 1.000 Metern

Das Heutal ist ein auf 1.000 Metern Seehöhe gelegenes Hochtal, das zur Gemeinde Unken im Pinzgau im Land Salzburg gehört. Geografisch ist es wie das Sonntagshorn ein Teil der Chiemgauer Alpen und ein beliebter Ausgangspunkt für Bergtouren oder für den Wintersport. Loipen und Lifte findet man hier ebenso wie eine Reihe von Angeboten für Skitourengeher.

Hochtäler haben ja einen ganz eigenen Reiz. Sie befinden sich weit genug über der Alltagswelt der Täler, um sich frei und von den alltäglichen Sorgen entrückt zu fühlen, und bilden quasi eine Brücke hinauf in die höheren Regionen der Bergwelt. Das Heutal hat darüber hinaus aber noch etwas ganz Besonderes zu bieten: Am Grund des Hochtals befindet sich ein sogenanntes »Mäander-Hochmoor«, das sich bei starken Regenfällen in einen See verwandelt. In den Trockenperioden windet sich in unzähligen Schlingen und Kurven ein Bachlauf ungebändigt durch die Moorfläche und überwindet auf diese Weise ein kleines Gefälle. Etwa in der Mitte der in der Eiszeit trogförmig geformten Hochfläche befindet sich kurioserweise eine Wasserscheide. Das Wasser, das sich südlich der Wasserscheide sammelt, versickert in einer trichterförmigen Doline. Erst 130 Meter tiefer und über einen Kilometer weiter östlich kommt es als Karstquelle im Unkenbachtal wieder an die Oberfläche. Das Wasser nördlich der Wasserscheide fließt durch das Fischbachtal in die Weiße Traun bei Ruhpolding.

Das Hochmoor ist Lebensraum für zahlreiche Tier- und Pflanzenarten. Es steht seit 1980 unter Naturschutz. In den Sommermonaten wird hier immer noch Heu gemacht, nomen est omen, und für den Winter ins Tal gebracht.

Sie können auf einem Moorrundweg durch das Heutal oder auch vom Heutal zum wildromantischen Staubbach-Wasserfall – auch Staubfall genannt – mit 150 Metern Fallhöhe wandern oder einfach vom Biergarten aus die Ruhe und Beschaulichkeit des Heutals genießen.

Adresse Heutal Landesstraße, A-5091 Unken | **ÖPNV** im Winter Gratis-Skibus von Unken ins Heutal | **Anfahrt** A 8, Ausfahrt Siegsdorf, auf der B 306 und B 305 bis Schneizlreuth, dann B 21 und B 178 bis Unken und auf der Gföll-Straße ins Heutal | **Tipp** Im Winter können Sie auf einer Fünf-Kilometer-Loipe hinüber zur Winklmoosalm langlaufen, wo einst »Gold-Rosi« Mittermaier das Skifahren lernte. Im Heutal selbst gibt es diverse Jausenstationen wie den Heutaler Hof oder die Herbstalm.

20 Das Sonntagshorn

Der wachsende Berg

»Fast 2.000 Meter« hört sich im Vergleich zu »über 2.000 Meter« ein wenig mickrig an. Doch auf letztere Zuschreibung muss das Sonntagshorn in den Chiemgauer Alpen noch ganze 39.000 Jahre warten. Mit immerhin 1.961 Metern ist es aber immer noch der höchste der Chiemgauer Gipfel. Aufgrund seiner Schönheit und der herrlichen Aussicht muss es sich vor keinem 2.000er verstecken, selbst wenn es stimmt, dass die Alpen nur etwa einen Millimeter pro Jahr in die Höhe wachsen. Das Sonntagshorn hat längst eine unverbaubare Aussichtshöhe mit freiem Blick auf den Chiemsee im Nordwesten und die ganzjährig schneebedeckten Tauerngipfel im Süden erreicht.

Wie eine gigantische nach Süden geneigte Steinplatte, die im Heutal versinkt, sieht der Berg von Südosten betrachtet aus. Nach Norden hin stürzen seine Felswände fast senkrecht in die Tiefe. Die meisten Wanderer besteigen den Berg daher von der in Österreich liegenden Südseite. Man wandert durch lichten Wald, dann über saftige Almwiesen zur Hochalm mit ihrer Kapelle, die zu einer kurzen Rast vor der etwas steileren zweiten Etappe einlädt. Der Bau der Kapelle wurde von Forstdirektor Fritz Herzinger zum Gedenken an die verunglückten und verstorbenen Salzburger Berg- und Naturwacht-Kameraden initiiert. Alternativ kann man sich auf der Jausenstation Hochalm auf 1.460 Metern, also auf halber Strecke, mit Apfelstrudel oder Kasknödeln stärken.

Aufgrund seiner Topografie erhält das Sonntagshorn auch im Winter ausreichend Besuch. Skibergsteiger lieben den Berg wegen seines leichten Anstiegs und der langen Tiefschneeabfahrten. Der Name Sonntagshorn hat übrigens nichts mit dem Wochentag zu tun, sondern leitet sich von »Sonnendach« ab, da der Gipfelbereich des Berges nach Süden geneigt ist und so immer ein bisschen mehr Sonne abbekommt als andere Berge, die ganz traditionell um die Strahlen der Sonne konkurrieren.

Adresse Heutal Landesstraße, A-5091 Unken | **ÖPNV** im Winter Gratis-Skibus von Unken ins Heutal | **Anfahrt** A 8, Ausfahrt Siegsdorf, auf der B 306 und B 305 bis Schneizlreuth, dann B 21 und B 178 bis Unken und auf der Gföll-Straße ins Heutal | **Tipp** Als Alternative bietet sich die Ersteigung des Peitingköpfls (1.720 Meter) über den Almweg im Hochtal oder im Überstieg vom regulären Sonntagshorn-Aufstieg an. Aufstiegszeit circa eine Stunde.

21 Die Von-Schmidt-Zabierow-Hütte

Spinatknödel in der Steinwüste

Alle Wege hinauf auf die Loferer Steinberge sind weit. Der kürzeste Zugang ist der vom Loferer Hochtal hinauf zur Wehrgrube, in der auf 1.966 Metern die Hütte der Passauer Alpenvereinssektion thront wie eine Verheißung. Witzbolde begleiten den Weg mit Kommentaren, die den schwitzenden Bergwanderer auf die Schippe nehmen. Für die Aufstiegszeit gibt es eine Richtschnur: Zwischen 42,59 Minuten – der Rekordzeit beim »Internationalen Loferer Stoaberglauf«, der auf 4,5 Kilometern 1.150 Höhenmeter überwindet – und elf Stunden, die eine Wandergruppe inklusive Biwak brauchte, sei alles erlaubt.

Wenn man die Hütte dann endlich oben stehen sieht, sagt ein Wegweiser, es sei noch eine Stunde zu gehen. Auch das ein Scherz, denn in 30 Minuten ist man oben und kann sich von Wirtin Katharina mit feinsten Leckereien verwöhnen lassen. Als Ausgleich für die Strapazen gibt es hier echtes Tiroler Bauernhofeis, feines Backwerk und ein Dreigangmenü, das mindestens eine (Woll-)Haube verdient: Brennnesselschaumsuppe, Spinatknödel mit Grana Padano und ein Marillenknödel als Dessert. Die richtige Grundlage für eine Tour auf die umliegenden Steinberggipfel am nächsten Morgen, die von der Hütte aus in zwei bis drei Stunden erreichbar sind.

Kletterer finden hier Idealrouten in griffigem Fels, Klettersteiggeher vom Übungsklettersteig in drei Varianten bis zum C / D-Steig auf den »Nackerten Hund« ihre Highlights. Auf einer Seilbrücke, die 40 Meter über dem Abgrund hängt, kann man gesichert Höhenängste überwinden lernen.

Der Abstieg über den Schärdinger Steig nach Maria Kirchental bietet phantastische Ausblicke und ist nicht überlaufen. Die fünf Stunden, die auf dem Wegweiser angegeben werden, sind allerdings leider kein Scherz.

Adresse Start: Loferer Hochtal, A-5090 Lofer, www.schmidt-zabierow.at | **ÖPNV** Postbus 4012, Haltestelle Lofer Hochtal | **Anfahrt** A 8, Ausfahrt Bad Reichenhall, auf der B 20 und B 21 nach Schneizlreuth, dann auf der B 178 und B 311 bis Lofer Hochtal | **Öffnungszeiten** Juni – Anfang Okt. | **Tipp** Die Aufstiege von Maria Kirchental (Schärdinger Steig), Waidring (Griesbachsteig) oder Sankt Ulrich am Pillersee über das Lastal dauern mindestens vier bis fünf Stunden. Man kann sie als Tagestour und Abstiegsvariante wählen, wenn man jeweils ein zweites Auto dort abgestellt oder die Busverbindung geprüft hat.

22 Die Lamprechtshöhle

Guckloch in den Berg

Die Lamprechtshöhle ist eines der größten Höhlensysteme Europas und mit ihren erforschten 51 Kilometern Länge und über 1.600 Metern Tiefe die größte Durchgangshöhle der Welt. Der tiefstgelegene Zugang liegt auf 660 Metern, der höchste Ausgang auf über 2.200 Metern.

Zwei Arten von Führungen kann man buchen. Die einfache Führung dauert circa 90 Minuten und führt auf einem etwa 700 Meter langen gesicherten Weg durch die Schauhöhle. Das Gitter am Ende des Schauteils öffnet sich erst, wenn man eine Führung in den Forscherteil der Höhle bucht. Vier bis sieben Stunden dauert diese Führung und kann nur von trittsicheren Interessierten begangen werden. Über Stifte, seilversicherte Abschnitte, Leitern und mit einem Floß gelangt man tief in die Lamprechtshöhle. Hier gibt es eine dunkle Welt zu entdecken, mit einem 100 Meter in die Tiefe stürzenden Wasserfall, dem romantischen Schleierfall, und einer Floßfahrt über den Grünsee, weit fort vom Tageslicht. Der komplette Durchstieg zum oberen Ausgang ist ein gefährliches Abenteuer, das mehrere Tage in Anspruch nimmt und Höhlenforschern vorbehalten bleibt.

Die Sage vom reichen Ritter Lamprecht, der seinen beiden Töchtern einen großen Schatz vererbte, behauptet, dass dieser Goldschatz in der Höhle zu finden sei. Glücksritter sind in vergangenen Jahrhunderten auf der Suche nach ihm in großer Zahl ums Leben gekommen. 198 Skelette wurden in der Höhle angeblich schon gefunden.

Heute ist die Höhle sicher. Auch für mögliche Hochwassergefahren bei Starkregen ist vorgesorgt. Im hinteren Teil der Schauhöhle sind sogar Lebensmitteldepots angelegt. Ist der Ausgang durch schnell ansteigendes Hochwasser versperrt, dann müssen die Eingeschlossenen wenigstens nicht hungern. Einige Male ist das schon passiert. Zuletzt im August 2016, als sieben Höhlenbesucher erst nach Stunden wieder mit sinkendem Wasserstand ins Freie konnten.

Adresse Obsthurn 28, A-5092 Sankt Martin bei Lofer, www.lamprechtshoehle.at | **ÖPNV** Bus 260 ab Bahnhof Salzburg Richtung Zell am See, Haltestelle Sankt Martin bei Lofer/Lamprechtshöhlen | **Anfahrt** A 8, Ausfahrt Siegsdorf, auf der B 306 und B 305 nach Schneizlreuth, dann auf der B 178 und B 311 bis Parkplatz Lamprechtshöhle | **Öffnungszeiten** Mai–Okt. täglich 8.30–19 Uhr | **Tipp** Das an Erkern und Türmchen reiche Schloss Grubhof in Sankt Martin kommt Ihnen als TV-Seriengucker vielleicht bekannt vor. Hier wurden sechs Folgen der »Alpenklinik« mit Erol Sander als Dr. Daniel Guth gedreht.

23 Maria Kirchental

Am Anfang war der Stieglitz

Noch bevor die imposante und herrlich gelegene Wallfahrtskirche Maria Kirchental in einem Hochtal 900 Meter über Sankt Martin bei Lofer errichtet wurde, war das frühgotische Gnadenbild an diesem Ort: Maria und ihr Kind, das einen Stieglitz in der Hand hält. Ein Bauer hatte die Holzskulptur aus dem 15. Jahrhundert, die der üblichen Barockisierung weichen musste, aus der Pfarrkirche Sankt Martin hierherauf gebracht und ihr in einer Waldkapelle eine neue Heimstatt gegeben. Der Stieglitz in der Hand des Christuskindes steht mit seinen roten Kopffedern für das Blut und Leiden Christi. Das Kind zeigt mit der Hand auf den Vogel, als sähe es seine spätere Bestimmung voraus.

Heute hat das Gnadenbild seinen Platz vor einem Strahlenkranz inmitten des barocken Hochaltars der prächtigen Kirche Maria Kirchental, die auch den Beinamen »Pinzgauer Dom« trägt. Wegen ihrer phantastischen Höhenlage in einem abgelegenen Tal unter den mächtigen Wänden der Loferer Steinberge inmitten eines harmonischen barocken Ensembles von Gebäuden, Gärten, einem Wirtshaus und einem Devotionalienkiosk nannte sie der Salzburger Alterzbischof Eder auch den »Bergkristall unter den Wallfahrtsorten«.

Neben der Kirche befindet sich ein Haus der Besinnung, das von Herz-Jesu-Missionaren und Missionarinnen Christi geleitet wird. Die Schwestern tragen keinen Habit, weshalb man sie für Bäuerinnen bei der Gartenarbeit halten kann.

In Maria Kirchental wurde über die Jahrhunderte von sehr vielen Gebetserhörungen berichtet. Mit 1.200 Votivbildern befindet sich hier die bedeutendste Sammlung Österreichs. Und Maria hilft auch heute noch, wie das Votivbild eines Bäckersohnes aus Sankt Martin beweist, der nach einem schweren Unfall mit seinem Mountainbike beim Downhill-Fahren vom Kitzbüheler Horn mit dem Hubschrauber ins Krankenhaus gebracht wurde und nach Fürbitten wieder gesund wurde. »Maria vom Kirchental hat geholfen.«

Adresse Wallfahrtskirche Maria Kirchental, A-5092 Sankt Martin bei Lofer, www.maria-kirchental.at | **ÖPNV** Postbus 260 von Lofer oder Saalfelden, Haltestelle Sankt Martin bei Lofer Ortsmitte, von dort Aufstieg zu Fuß oder mit dem Taxi | **Anfahrt** A 8, Ausfahrt Siegsdorf, auf der B 306 und B 305 nach Schneizlreuth, dann auf der B 178 und B 311 bis Sankt Martin bei Lofer, der Beschilderung folgen, mautpflichtige Straße | **Öffnungszeiten** Mautstraße in den Sommermonaten geöffnet, im Winter Rodelbahn | **Tipp** Der Kirchentalwirt passt wunderbar ins barocke Ensemble und lädt im Sommer in den schattigen Gastgarten unter Kastanienbäumen ein. Auch übernachten kann man hier (www.kirchentalwirt.at).

24 Die Naturbadeseen

Abenteuer für Kleine, Erholung für Große

Zugegeben, der Mississippi ist der Wildbach im Schiedergraben nicht gerade. Hier verkehren auch keine Raddampfer, und man begegnet nur sehr selten einem Sklaven auf der Flucht. Aber man befindet sich in einer naturbelassenen Landschaft, es gibt Bachläufe, die man aufstauen kann, und Flöße, mit denen man über die Badeseen staken kann. Über gefährliche Strömungen oder Verunreinigungen muss man sich im geschützten Naturbadegebiet keine Sorgen machen. Kinder kommen hier voll auf ihre Kosten, und die Eltern können sich erholen, ein bisschen schwimmen, ein Floßwettrennen mit dem Nachwuchs starten oder an einem der schön angelegten Grillplätze für die Verköstigung von Tom Sawyer und Huckleberry Finn sorgen. Die Wasserqualität ist hervorragend, die Temperatur gut auszuhalten, und Kinder hat kälteres Wasser sowieso noch nie gestört. Nahe Parkplätze, feste Sitzgelegenheiten sowie Toiletten machen die Vorderkaserseen zu einem echten Erholungsgebiet im Einklang mit der Natur. Ach ja, ihren Obolus zum Erhalt der Anlage zahlen Sie nicht am Eingang, sondern Sie suchen sich einen Platz und warten, bis jemand zu Ihnen zum Kassieren kommt. Genießen Sie die Natur rundherum, das Plätschern des Baches, die Bergausblicke und die naturbelassene Vegetation.

Wenn die Kinder genug Floß gefahren sind, können Sie ein paar Kilometer weiter zum Eingang der Vorderkaserklamm wechseln und einen Rundweg über 51 Holzstege mit 35 Leitern und insgesamt 373 Stufen wagen. Die Vorderkaserklamm ist 400 Meter lang und bis zu 80 Meter tief. An der engsten Stelle ist sie nur 80 Zentimeter breit. Also die Kids gut festhalten! Beachten Sie, dass das Befahren des Klammwegs mit Kinderwagen nicht möglich ist. Und wer dann immer noch nicht genug erlebt und gesehen hat, kann auf dem Orchideenweg die einheimischen Orchideen kennenlernen. Dann dürfte der Naturerlebnistag gelungen sein und die Familie müde, aber glücklich nach Hause ziehen.

Adresse Obsthurn 13, A-5092 Sankt Martin bei Lofer, www.vorderkaserklamm.at | **ÖPNV** Postbus 260 von Lofer oder Saalfelden, Haltestelle Sankt Martin bei Lofer Obsthurn-Wildenbach | **Anfahrt** A 8, Ausfahrt Siegsdorf, auf der B 306 und B 305 nach Schneizlreuth, auf der B 178 und B 311 bis Obsthurn, dann der Abzweigung »Vorderkaserklamm« folgen | **Tipp** Wenn Sie sich nicht selbst versorgen wollen, können Sie an der Klamm auch in der Jausenstation mit Hüttenfeeling einkehren. Ein Stück Topfenstrudel oder ein Eis für die Kinder geht sich immer aus.

25 Der Skulpturenradweg

Runde Welten und wilde Tschaggalaggas

Eine tolle Idee, Radfahren und Kunst miteinander zu verbinden. Man fährt mit dem Fahrrad 65 Kilometer um das Massiv der Loferer und Leoganger Steinberge, entlang der Saalach und der Leoganger Ache, vorbei an Höhlen, Klammen und Naturbadegebieten, dem Pillersee und vielen schönen Dörfern und Einkehrmöglichkeiten. Die 24 Skulpturen entlang des Radrundwegs wurden von einheimischen und internationalen Künstlern geschaffen, die in Konzeption und Gestaltung mit Schulen vor Ort zusammengearbeitet haben.

Entstanden sind zu Stein, Eisen und Holz gewordene Vorstellungswelten der Kinder und Jugendlichen, die in Verbindung mit Natur und Landschaft ihrer Heimat stehen: »Der grasende Steinberg-König«, ein »Masken-Brunnen«, »Flöten-Nester«, ein »Überdachtes Schaf« und ein »Theater der Träume«. Kühe bevölkern diese Welt, Schafe, Mühlen, Wolken, Friedensfahnen, Türme, Waldgestalten und die »Wilden Tschaggalaggas«, bunte Steinmandl mit Antennen und Schläuchen, die eine alte Sage von der »Wilden Jagd« durch die Vorderkaserklamm neu interpretieren und verarbeiten.

Auch den Schatz, der in der Lamprechtshöhle verborgen sein soll, haben die Kinder der Volksschule Sankt Martin zusammen mit dem Bildhauer Paul Feichter auf ihre ganz eigene Art gedeutet. Die Schätze der Kinder – Figuren, Tiere und Fabelwesen – wurden in Eisen ausgesägt, zwischen zwei Platten montiert und von den Kindern selbst bemalt. Herausgekommen ist eine fröhliche Prozession schräger Vögel, Spinnen und kopfstehender Minimonster, verkleideter Pferde und Kühe, feuerspeiender Drachen, netter Krümelmonster und seltsamer Schatzkarten, die als Verkehrsschilder getarnt sind. Titel: »Meine Runde Welt«.

Einsteigen kann man an jeder beliebigen Stelle des Weges. Auf dem Info-Flyer sind alle Skulpturen, Sehenswürdigkeiten und Rastplätze eingezeichnet. Lediglich auf sehr kurzen Strecken muss man die Straße nutzen.

Adresse Sonnrain / Rosental, A-5771 Leogang, www.skulpturenradweg.at | **ÖPNV** Bus 260 ab Bahnhof Salzburg Richtung Zell am See, Haltestelle Sankt Martin bei Lofer / Lamprechtshöhlen oder Bahnhof Leogang beziehungsweise Leogang-Steinberge | **Anfahrt** A 8, Ausfahrt Siegsdorf, auf der B 306 und B 305 nach Schneizlreuth, auf der B 178 und B 311 bis Parkplatz Lamprechtshöhle | **Öffnungszeiten** ganzjährig geöffnet | **Tipp** Wenn Sie in Leogang starten, haben Sie die größte Steigung gleich am Anfang vor sich. Höchster Punkt ist mit 975 Metern der Grießenpass vor Hochfilzen.

26 Die Kirche Sankt Adolari

Ein seltener Heiliger am Tiroler Jakobsweg

Wenn Sie immer schon eine Pilgerreise auf dem Jakobsweg unternehmen wollten, Spanien Ihnen aber zu weit und zu heiß ist, dann können Sie ein Stück des Tiroler Jakobswegs auswählen. Hape Kerkeling war unseres Wissens auch noch nicht da.

Der heilige Adolar oder Adalar kommt nicht sehr häufig in Kirchen und Kapellen vor. Nur die Erfurter kennen ihn ganz sicher, denn er war einst Bischof der thüringischen Stadt und ist bis heute ihr Schutzpatron. Am Tiroler Jakobsweg, bei Sankt Ulrich, mit Blick auf die Loferer Steinberge und die Hochplatte bei Waidring, steht eine Wallfahrtskirche, die Anfang des 15. Jahrhunderts erbaut und dem Heiligen geweiht wurde, wahrscheinlich weil er auch Schutzheiliger des Viehs ist. Er starb im 8. Jahrhundert auf einer Missionsreise zusammen mit dem heiligen Bonifatius. Beide wurden von heidnischen Friesen im heutigen Holland erschlagen. Die Szene finden wir auf einem Fresko im Kircheninneren abgebildet. Die ganze Kirche – Kuppel, Wände, Kanzel und Volksempore – ist mit Fresken ausgemalt. Die gotischen Marienfresken über dem Hochaltar sind einmalig, wenn auch leider schon etwas verblasst. Ein Kuriosum ist der Arm mit dem Kruzifix, der aus der Kanzel ragt.

Der erste Streckenabschnitt der »Via Tirolensis« führt von Lofer über Waidring nach Sankt Johann in Tirol. Eine empfehlenswerte Variante zweigt in Waidring südlich nach Sankt Adolari ab und führt über das Pillerseetal und Sankt Jakob in Haus, mit seiner Pfarrkirche, die Jakobus dem Älteren geweiht ist, nach Sankt Johann. Sankt Jakob in Haus hat drei goldene Jakobsmuscheln im Gemeindewappen, wie sie Pilger auf ihren Kleidern aufgenäht oder am Pilgerstab trugen.

Von Sankt Adolari am Pillersee sind es zwar noch 2.254 Kilometer bis nach Santiago de Compostela, zum Grab des heiligen Jakobus. Doch der Jakobsweg beginnt bekanntlich immer dort, wo ein Pilger sich aufmacht.

Adresse Niedersee 8, A-6393 Sankt Ulrich am Pillersee | ÖPNV Bus 8302 aus Waidring, Haltestelle Sankt Ulrich am Pillersee Adolari | Anfahrt A 93, Ausfahrt Kufstein, auf der B 173, dann B 178 bis Waidring, dann auf die Pillerseestraße | Öffnungszeiten Juni–Anfang Okt. | Tipp Praktischerweise befindet sich die Pilgerherberge mit Gasthof und Biergarten gleich neben der Kirche. Sie ist auch Ausgangspunkt für Klettertouren, einen Klettersteig und die Teufelsklamm (www.tirolerwirt.at).

27 Der Nuaracher Höhenweg

Über sechs Gipfel musst du geh'n

Um es gleich vorwegzuschicken: Der Nuaracher Höhenweg ist zwar einer der schönsten in den Nordalpen, aber nichts für gemütliches Wandervolk. »Höhenweg« bedeutet hier, dass man sich von 700 Metern im Tal hinauf bis auf 2.450 Meter bewegt und dabei sechs Gipfel besteigt, über die der Weg führt. Kletterstellen im Ier- und IIer-Bereich sollten kein unlösbares Problem darstellen und die Ausdauer für zehn bis zwölf Stunden ausreichen. Es sei denn, man verteilt Auf- und Abstieg auf zwei Tage und plant eine Übernachtung auf der Von-Schmidt-Zabierow-Hütte ein, der einzigen bewirtschafteten Schutzhütte auf den Loferer Steinbergen. Dann muss man aber noch einmal vier Stunden für den Abstieg zur und Aufstieg von der Hütte einplanen. Doch der spektakuläre Höhenweg lohnt sich auf jeden Fall, sollte man zu den glücklichen Konditionsstarken, Trittsicheren und Höhenangstfreien gehören, die sich dieser Herausforderung stellen können.

Start ist in Sankt Ulrich am Pillersee, dessen alte Bezeichnung »Nuarach« Namensgeber für den Höhenweg ist. Mit den Namen ist es so eine Sache auf diesem Weg. Der erste Gipfel, den es zu erklimmen gilt, ist das Ulrichshorn mit 2.030 Höhenmetern. Dann kommt das Seehorn, das auf den Karten aber auch mitunter den Namen Ulrichshorn trägt. Es folgen Schafegg und Rothörndl, und über kurze, ungesicherte Kletterstellen erreicht man das Rothorn. Dann kommt der Höhepunkt mit 2.406 Metern: das Mitterhorn, das auch »Großes Hinterhorn« genannt wird je nach Talort und Perspektive.

Von diesem Gipfel geht es vorbei am »Nackten Hund« und der »Schneegrube«, luftig und ausgesetzt immer an der Wand entlang, und schließlich hinunter ins Lastal bis nach Weißleiten. 1.800 Höhenmeter Abstieg, das wird wohl den meisten in die Knie gehen. Aber von so viel Auf und Ab darf man schließlich hinterher auch etwas merken. Am Ende denkt man sowieso immer: »Aber schee war's doch!«

Adresse Start: Neuwieben, A-6393 Sankt Ulrich am Pillersee | **ÖPNV** Bus 8302 von Waidring | **Anfahrt** A 8, Ausfahrt Siegsdorf, auf der B 306 und B 305 nach Schneizlreuth, auf der B 178 bis Waidring, dann auf der Pillerseestraße bis Sankt Ulrich | **Öffnungszeiten** Mai–Okt. | **Tipp** Das klare, kühle Wasser des smaragdgrünen Pillersees ist gut für erschöpfte Weitwanderer und für Fische. Vielleicht gönnen Sie sich am Ende der Tour ein Bad und danach eine fangfrische Forelle oder einen Seesaibling, zum Beispiel im Bräuwirt.

28__Der Naturpark Weißbach

Klein, aber voller Wunder

Weißbach ist die zahlenmäßig kleinste Gemeinde im Pinzgau, aber mit dem Gütesiegel »Bergsteigerdorf« ausgezeichnet und mitten im seit 2007 bestehenden »Naturpark Weißbach« gelegen. Der malerische Ort kann mit erstaunlich vielen Naturschönheiten, Sehenswürdigkeiten und einigen Kuriositäten aufwarten.

Zu den Naturwundern gehört zweifellos die Seisenbergklamm, in der sich der Weißbach, aus dem Steinernen Meer kommend, bis zu 50 Meter tief in den Fels gegraben hat und durch eine finstere »Dunkelklamm« seiner Mündung in die Saalach zustrebt. Die Klamm ist ein beeindruckendes Relikt der letzten Eiszeit und schon lange touristisch erschlossen.

Neben der Litzlalm und der Kammerlingalm ist die Kallbrunnalm mit etwa 30 Hütten eines der größten Almgebiete im bayerisch-österreichischen Grenzgebiet und von Weißbach über Pürzlbach gut erreichbar. Früher gehörte die Alm zum Stift Berchtesgaden, und bis heute besteht die Agrargemeinschaft Kallbrunnalm aus bayerischen und Pinzgauer Almbauern, die hier einträchtig miteinander wirtschaften und in der Almkäserei vor Ort verschiedene Käsesorten herstellen, die man verkosten und auf der Alm kaufen kann.

Mit dem Bergsteigerdorf Ramsau bei Berchtesgaden verbindet Weißbach eine 16 Kilometer lange Passstraße über den Hirschbichl auf 1.183 Metern. Seit dem 13. Jahrhundert wurde auf diesem alten Saumweg Salz aus dem Berchtesgadener Talkessel hinüber in den Pinzgau gebracht. Auf bayerischer Seite liegt die Strecke im Nationalpark Berchtesgaden und darf mit dem Pkw nicht befahren werden. Zum Glück gibt es den grenzüberschreitenden Almerlebnisbus, der die Passstrecke von Mai bis Oktober in 50 Minuten bewältigt. Zu Fuß, mit dem Mountainbike oder E-Bike geht es natürlich auch.

Auch Kletterer kommen in Weißbach auf ihre Kosten. Die drei Klettersteige »Zahme Gams«, »Weiße Gams« und »Wilde Gams« bieten für jeden etwas und sind direkt vom Dorf aus zu erreichen.

Adresse Unterweißbach 36, A-5093 Unterweißbach | ÖPNV Bus 611 aus Ramsau bei Berchtesgaden, Haltestelle Weißbach-Gemeindeamt | Anfahrt A 8, Ausfahrt Siegsdorf, dann B 305 und B 21 bis Grenze, B 178, in Lofer auf B 311 bis Weißbach | Öffnungszeiten immer geöffnet | Tipp Im Dorfladen »Oafoch Guat« gibt es feine Käse- und Wurstspezialitäten und andere Leckereien zu kaufen, zum Mitnehmen oder zum Gleichessen im angeschlossenen Bistro. Auch Kletterausrüstung kann hier geliehen werden.

29 Der Asitzkopf

Ein Alpenspielplatz

Der spanische Dichter Miguel de Cervantes, Erfinder des Don Quijote, hätte an dem 1.715 Meter hohen Asitzkopf und der Asitzbahn wahrscheinlich seine helle Freude gehabt. Wie Ritter eines verlorenen Zeitalters, nur viel bunter, strömen tapfere Frauen und Männer, geschützt durch einen undurchdringlich wirkenden Harnisch, zum Seilbahneingang.

Unermüdlich bringt die Asitz-Seilbahn die modernen Ritter samt ihren Mountainbikes hinauf auf den Berg. Für normale Wanderer gibt es in den Gondeln einen Logenplatz. Einige Fahrer stürzen sich auf ihren Rädern mit Highspeed und enormen Sprüngen über Schanzen, Stock, Wurzeln und Stein nach unten, während andere die Bremsen zum Glühen bringen und krampfhaft versuchen, auf dem wackeligen Untergrund die Balance zu halten. Am Asitz gibt es einen der größten Funparks Europas für Downhill-Biker, also die Gattung Radfahrer, deren primäres Interesse in der Abfahrt liegt und die daher kein Problem damit haben, sich den beschwerlichen Aufstieg mit Hilfe der Seilbahn zu erleichtern.

Downhill und Rambazamba spielt sich an und unter der Seilbahn ab. Ein paar Schritte abseits grasen Kühe, Schafe und Kälber, ohne Notiz von den Rittern auf ihren Drahthengsten zu nehmen. Ein kurzer Weg führt an einem der Natur angepassten Beschneiungsteich vorbei zum etwa 150 Meter höher gelegenen Gipfel des Asitzkopfs. Das Panorama reicht vom Dachstein über die Tauern bis weit über den Wilden Kaiser hinaus und lädt dazu ein, die Elefantengedanken des Alltags auf ihre wahre Bedeutungslosigkeit zu reduzieren. Auf dem Gipfel braucht es keinen Yogalehrer, um zu meditieren, sondern nur einen Platz auf der Bank unter dem Gipfelkreuz. Wenn Zufriedenheit ein Gesicht hätte, dann wäre es das dieser beiden auf dem Foto. Hierherauf gekommen zu sein ist alles. Was zählt da schon die Anzahl der Lebensjahre und das ein oder andere Wehwehchen?

Adresse Asitzbahnen, A-5771 Leogang, Tel. +43/6583/82190, www.leoganger-bergbahnen.at | **ÖPNV** Bahnhof Leogang, Postbus 690 von Saalfelden, im Winter als Skibus gratis | **Anfahrt** A 8, Ausfahrt Siegsdorf, dann B 305 und B 21 bis Grenze, B 178, in Lofer auf B 311 bis Saalfelden, dann B 164 bis Leogang Asitzbahnen | **Öffnungszeiten** Mai–Okt. 9–16.30 Uhr, Winter 8.30–17 Uhr | **Tipp** Adrenalinsüchtige können mit der 1.600 Meter langen und bis zu 130 Kilometer pro Stunde schnellen Seilrutsche, einer der schnellsten und längsten der Welt, ins Tal rauschen (www.flying-fox-xxl.at).

30 Der Barbarastollen

Sprechen Sie Bergmännisch?

Das Schwarzleotal, das zur Gemeinde Leogang gehört und sich nach der Ortschaft Hütten entlang des Schwarzleobachs durch Lärchen- und Fichtenwälder leicht bergauf zieht, zählt zu den ältesten Bergbaurevieren des Pinzgaus. Es geht auf prähistorische Zeiten zurück und wurde durch Mittelalter und Neuzeit bis in die 1970er Jahre betrieben. In den auf 1.020 Metern Höhe liegenden Erasmus-, Johannes- und Barbarastollen und den noch etwas höher gelegenen Herren-, Christoph-, Maria-Heimsuchungs- und Danielstollen wurden Silber, Blei, Quecksilber, Kobalt und Kupfer, im 20. Jahrhundert auch Magnesiterz gewonnen. Der Barbarastollen ist heute als Schaubergwerk zugänglich.

Zu Beginn der Führung ist ein kleiner Sprachkurs fällig. Die Bergleute von damals und heute würden sich vermutlich immer noch gut verstehen, nur wir Normalsterbliche brauchen etwas Hilfe. Unter »Arschleder« als Sitzschutz des Bergmanns kann man sich ja noch etwas vorstellen. Der »Alte Mann«, schon etwas schwieriger, ist ein ausgebeuteter und daher nutzlos gewordener Stollen, der »Hunt« ein hölzerner Karren, der auf einem »Gestänge«, also auf Schienen, läuft. Der »Hauer« ist einer, der mit Schlägel und Eisen das Mineral aus dem Berg »haut«. Im »Pochwerk« wird das erzhaltige Gestein zerkleinert. Nach einem bergmännischen »Glück auf!« betritt man den Stollen durch das »Mundloch« und passt auf, dass man sich den Kopf nicht an der »Firste« anschlägt.

Dass die Arbeit unter Tage schwer und gefährlich war, glaubt man nach der einstündigen Führung gern. Weshalb die Kinder der Bergmänner auch fest beteten: »Sankt Barbara, bei Tag und Nacht, fahr' mit dem Vater in den Schacht! Steh' Du ihm bei in jeder Not, bewahr' ihn vor dem jähen Tod!«

Auch für die 29 Knöpfe der Festtagsjacke des Bergmanns ist übrigens die heilige Barbara verantwortlich, die, mit nur 29 Jahren, von der Hand ihres Vaters den Märtyrertod starb.

Adresse Schwarzleo 3, A-5771 Leogang, www.schaubergwerk-leogang.com | ÖPNV Bahnhof Saalfelden, Postbus 690 bis Hütten bei Leogang-Ederbauer, von hier noch circa 3 Kilometer | Anfahrt A 10, Ausfahrt Bischofshofen, auf der B 164 bis Hütten bei Leogang, dort links auf die Schwarzleostraße | Öffnungszeiten Mai – Ende Okt. Di – So geöffnet, Mai, Juni, Sept. und Okt. Führungen um 12 und 14 Uhr, Juli und Aug. Führungen 10 – 17 Uhr | Tipp Im Winter, wenn das Schaubergwerk geschlossen ist, lädt das Schwarzleotal zu einem schönen Spaziergang oder einer romantischen Schlittenfahrt vom Parkplatz Forsthofalm bis zur Knappenstube ein.

31 Das Birnbachloch

Heiß, kalt und ein ganz besonderes Blau

Zum Einstieg eine »praktische« Denksportaufgabe: Um wie viel Grad erwärmt sich das Wasser in einem Wasserfall durch den Aufprall auf Fels nach 100 Metern freiem Fall? Wissen Sie nicht? Setzen! Das Wasser des Birnbachs jedenfalls stürzt viele hundert Meter hinunter ins Tal und ist auch dort immer noch ziemlich kalt. Bei 30 Grad Hitze ist der Weg nach oben zur Karstquelle des Birnbachs zwar nicht schwer, aber beschwerlich. Ab ungefähr der Hälfte des Weges auf der felsigen Südflanke des Birnhorns ist man der Sonne schutzlos ausgeliefert, und man könnte sich fragen, weshalb um Himmels willen man nicht früher aufgestanden ist.

Der Birnbach ist der ständige Begleiter auf dem Weg, und je näher man seiner Quelle kommt, desto wilder, lauter und schäumender stürzt er nach unten. Hat man den Birnbachgletscher passiert, dann ist es nicht mehr weit. Dieses westlich vom Birnbachloch liegende ganzjährige Schnee- und Eisfeld, das von den gigantischen Lawinen der 1.400 Meter hohen Birnhorn-Südwand gespeist wird, bringt den ersten kühlenden Wind. Früher wurde hier Eis für Münchner Brauereien gebrochen.

Nach einigen Minuten erreicht man den etwas steilen Anstieg zur Grotte des Birnbachquelltopfs. Unter Zuhilfenahme der Hände kraxelt man das letzte Stück zur Höhle. Aus ihr quillt ein wenige Zentimeter tiefer Bach, der den gleich folgenden Wasserfall je nach Jahreszeit mit zehn oder auch bis zu Hunderten Litern Wasser pro Sekunde versorgt. Magisch blau scheint das aus dem Quelltopf strömende Wasser, was man besonders gut sieht, wenn man die Schuhe auszieht und ein paar Schritte im nur etwa vier Grad kalten Wasser in die Höhle watet. Aber Achtung: Das tut hinterher ein bisschen weh. Steine sollte man nicht in den Quelltopf werfen, um ihn zu ergründen, denn der Sage nach droht die Quelle dann mit den Worten »Gründst du mi, dann schlünd i di«. Und das verheißt mit Sicherheit nichts Gutes.

Adresse A-5771 Ullach bei Leogang | **ÖPNV** Bahnhof Leogang-Steinberge | **Anfahrt** A 10, Ausfahrt Bischofshofen, auf der B 164 bis Leogang, dort rechts ins Rosental abbiegen, von dort nach Ullach bis zum Parkplatz am Ende der Straße | **Tipp** Von Ullach die Sonnbergstraße hinauf gelangt man zum Bergdorf Priesteregg mit seinen hinreißenden Berg-Chalets. In Huwi's Alm kommt Biofleisch von Gallowayrindern aus eigener Zucht auf den Tisch (www.priesteregg.at).

32 Das Birnhorn

Schweißtreibende Überschreitung für Geübte

Das Birnhorn ist mit seinen 2.634 Metern »über der Adria«, wie die korrekte Höhenangabe in Österreich lautet, sozusagen der Kopf der Leoganger Steinberge (»Stoaberg«). Drüber geht hier nichts mehr. Die Birnhorn-Südwand ragt an die 1.400 Meter auf, weshalb sie oft mit der Watzmann-Ostwand verglichen wird.

Der Aufstieg beziehungsweise die lohnenswerte Überschreitung über das Melkerloch mit Abstieg über das Kuchelnieder ist für Geübte gut machbar, aber ein echter Marathon. Wer sich nicht quälen möchte, steigt am Nachmittag die circa 3,5 Stunden von Ullach zur sehr schön gelegenen Passauer Hütte auf luftigen 2.051 Metern auf, isst fein bei Evelyn und sieht sich bei einem Gläschen Wein oder Bier den Sonnenuntergang an. Wenn man Glück hat, kommt auch noch der mit der Hüttenwirtin befreundete Hubschrauberpilot angeflogen, und man bekommt von der Terrasse aus eine Gratis-Flugschau mit waghalsigen Manövern geboten.

Am nächsten Morgen geht's dann den Hofersteig Richtung Birnhorn-Gipfel hinauf. Benannt ist der Steig nach dem Leiter des Leoganger Nickelbergbaus, Maler und Bergsteiger Michael Hofer (1834–1916), dessen Zeichnungen und Bilder im Bergbaumuseum Hütten hängen. Erster spektakulärer Halt ist das Melkerloch, ein beeindruckendes riesiges Felsentor, wo Fotoshootings angesagt sind. Weiter geht's immer steiler hinauf auf das Felsmassiv aus gebanktem Dachsteinkalk. Zum Gipfelaufschwung muss man die Hände zu Hilfe nehmen, vor leichter Kletterei (I) sollte man sich nicht fürchten.

Nach gut zwei Stunden ab Hütte steht man schließlich oben und genießt eine unvergleichliche Sicht. Man steigt nun nordseitig ins Kuchelnieder ab und im Anschluss in einen kurzen Klettersteig (B) ein, der über ein »Wandl«, also eine Felswand, wieder zurück zur Passauer Hütte führt. In circa zwei Stunden ist man dort und kann nach einer kurzen Rast den Abstieg ins Tal anpacken.

Adresse Frohnwies 16, A-5093 Frohnwies, www.passauer-huette.at, Tel. +43/680/5072624 | **ÖPNV** Bahnhof Leogang-Steinberge | **Anfahrt** A 10, Ausfahrt Bischofshofen, auf der B 164 bis Leogang, dort rechts ins Rosental abbiegen, von dort nach Ullach bis zum Ende der Straße | **Öffnungszeiten** Juni – Okt. | **Tipp** Wer nur ein wenig Höhenluft auf der Passauer Hütte schnuppern möchte, kann den leichteren Zustieg von Weißbach über die Niedergrub mittels eines Wandertaxis auf zwei Stunden reduzieren (Tel. +43/664/5454721).

33_Das Mama Thresl

Voi lässig!

»Urban soul meets the Alps« heißt das Motto dieses ganz aus Naturmaterialien gebauten hippen Hotels der Extraklasse für sportlich Aktive. 50 Zimmer in Holz und Stein, mit offener Dusche, einem Waschtisch aus massivem Naturstein, einer frei stehenden Badewanne und einem Holzbalkon mit Hängematte. Modernes Design, witzig und immer mit Seele, die jedes Detail durchdringt, bis zur Filzblume in der Vase, den schönen schweren Gläsern und dem Besteck oder dem Mama-Thresl-»Snörkel«, der als grafisches Leitmotiv durchs Hotel geistert. Hier hat jemand an alles gedacht und alles richtig gemacht.

Ein internationales, sportbegeistertes Publikum checkt hier ein, jung, schön, durchtrainiert und von der Wade bis zur Frisur eine Augenweide. Aber auch die Generation der fitten 50er fühlt sich hier wohl. Man genießt das einzigartige Ambiente, das unglaubliche Sportangebot für Biker, Kletterer, Wanderer, das phantastische Frühstück, die Wellness-Etage unterm Dach und die unkonventionelle Küche. Abends gibt es cooles DJ-Clubbing und Shows, aus dem Folterkeller dringen die Kommandos der Fitnesscoaches – ein Menetekel, seinen Allerwertesten vom Sofa zu heben und etwas für seinen Body zu tun. Man muss nicht weit gehen bis zum Sport. Klettern kann man gleich an der schiefergedeckten Fassade des Hotels oder über den Köpfen der Gäste im Restaurant. Einmal über die Straße, besteigt man eine der Gondeln der Asitzbahn, im Sommer zum Wandern oder Downhill-Biken, im Winter zum Skifahren. Oder man trägt sich am Vorabend für eine der geführten Biketouren oder Exkursionen mit hauseigenen Trainern ein.

Und Mama Thresl? Die gibt es wirklich. Es ist die wohl sehr verehrte Oma der Hotelchefin. Um 0.30 Uhr tritt sie täglich virtuell in Erscheinung und mahnt zur Bettruhe. Bis ein Uhr lässt sie mit sich handeln, aber dann heißt es: »Sportsmen and -women meet their beds.«

Adresse Sonnberg 252, A-5771 Leogang, www.mama-thresl.com, Tel. +43/6583/20800 | **ÖPNV** Bahnhof Saalfelden, Postbus 690 bis Leogang-Asitzbahn | **Anfahrt** A 10, Ausfahrt Bischofshofen, auf der B 164, der Hochkönigstraße, bis Leogang | **Öffnungszeiten** ganzjährig geöffnet | **Tipp** Den feinen Berghonig der Imkerei Höttl aus dem Mama Thresl und andere Honigprodukte kann man im Hofladen in Euring bei Saalfelden kaufen (www.imkerei-hoettl.at).

34 Das Museum Leogang

Barbara mit dem Turm, Margaretha mit dem Wurm

Von den Exponaten und der wissenschaftlichen Aufbereitung her kann es dieses Museum in Hütten bei Leogang mit jeder großen Sammlung in Salzburg, Wien oder München aufnehmen. Vom Herzblut und der Leidenschaft, mit der der lokale Museumsverein mit unzähligen Arbeitsstunden und Spenden dieses Museum überhaupt erst ermöglichte, können sich die Großen sogar noch eine Scheibe abschneiden. Allein die Bergbau- und Mineralienabteilung in dem historischen Gebäude ist schon sehenswert. Aber welche Schätze das Untergeschoss zu bieten hat, das dürfte jeden Besucher zum Staunen bringen. Denn das Bergbau- und Gotikmuseum Leogang hat eine in ganz Europa einzigartige Sammlung spätmittelalterlicher Sakralkunst zusammengetragen, die in enger Verbindung mit dem Bergbau steht. Die Skulpturen von alpenländischen Bergbauheiligen und Marienfiguren aus der Gotik sprechen den Betrachter ganz direkt und unmittelbar an, so menschlich und anrührend sind sie von den alten Meistern dargestellt.

Eine Maria im Ährenkleid etwa, entstanden um 1460, mit prächtig ausgearbeitetem Haar, eine heilige Anna Selbdritt, die ihre Tochter Maria und das Christuskind, ihren Enkel, auf dem Schoß hält, oder eine »Schöne Madonna« aus Kalksandstein, um 1410 vielleicht in Prag entstanden. Zu den wichtigsten drei weiblichen Bergbauheiligen gibt es einen Merkspruch zum Behalten: »Margaretha mit dem Wurm, Barbara mit dem Turm, Katharina mit dem Radl, das sind die drei heiligen Madl.« Die Attribute verweisen auf das Martyrium der drei heiligen Jungfrauen: Barbara wurde in einen Turm gesperrt, Katharina gerädert, und der heiligen Margaretha erschien der Teufel in Gestalt eines Drachens (der »Wurm«).

Auch über die anderen Exponate gäbe es viel zu erzählen, zum Beispiel über ein aus Steinbockhorn ausgesägtes Reliquiar, das gegen die Pest schützen sollte. Nach Voranmeldung kann auch eine lohnenswerte Führung gebucht werden.

Adresse Hütten 10, A-5771 Leogang, Tel. +43/6583/7105, www.museum-leogang.at | **ÖPNV** Bahnhof Saalfelden, Postbus 690 bis Hütten Ortsmitte | **Anfahrt** A 10, Ausfahrt Bischofshofen, auf der B 164, der Hochkönigstraße, bis Hütten bei Leogang | **Öffnungszeiten** Mai–Okt. Di–So 10–17 Uhr | **Tipp** Beim Hüttwirt nebenan isst man im herrlichen Gastgarten unter einer mächtigen Linde sehr schön und ausgesprochen gut. Der üppige Blumengarten ist ein Werk des Seniorchefs und eine echte Augenweide.

35 Die Pfarrkirche

Beim Kettenheiligen

Auffällig ist es schon, dass die weithin sichtbare, auf einer Anhöhe gelegene Leoganger Pfarrkirche inklusive Kirchturm von einer mächtigen Kette umspannt wird. Aber hätten Sie gewusst, was das zu bedeuten hat? Die schwere Eisenkette verweist ganz eindeutig auf den heiligen Leonhard von Limoges, der auch als »Kettenheiliger« bezeichnet wird und als Schutzpatron der Gefangenen gilt. In Altbayern und im alpenländischen Raum wurde er ab dem 11. Jahrhundert besonders verehrt. Sankt Leonhard wird als Nothelfer und Schutzpatron für das Vieh, insbesondere für die Pferde, angesehen. An seinem Gedenktag, dem 6. November, gibt es deshalb in vielen bäuerlichen Gemeinden in Bayern und Österreich bis heute den Brauch des »Leonhardiritts«. Manche Gemeinden feiern Leonhardi auch im Sommer. Im Volksmund heißt der heilige Leonhard auch der »Bauerngott«. Er wird von Bauern, Stallknechten, Fuhrmannsleuten, Schmieden und Schlossern, Obsthändlern und Bergleuten angerufen, gilt außerdem als Helfer von Wöchnerinnen, bei Kopfschmerzen sowie Geistes- und Geschlechtskrankheiten.

Die heutige Pfarrkirche wurde 1323 errichtet und war zunächst dem heiligen Ägydius geweiht. Nach 1477 hat sich jedoch der heilige Leonhard als alleiniger Kirchenpatron durchgesetzt. Sie ist jedenfalls die einzige Leonhardikirche in der Erzdiözese Salzburg, die auf diese Weise mit einer Kette umspannt ist. Die Eisenkette ist eine Erinnerung daran, dass Leonhard sich für die Befreiung von in Ketten gelegten Gefangenen eingesetzt hat. Später wurde sie als Viehkette missverstanden, und der Heilige wurde Schutzpatron für das Vieh.

In der Kirche befindet sich ein besonders schönes Gemälde, das im 17. Jahrhundert entstandene sogenannte Umtrage- oder Frauentragbild »Maria in Erwartung«. Es wird in der Adventszeit von Haus zu Haus getragen und von jeder Familie reihum für eine Nacht beherbergt.

Adresse Leogang 5, A-5771 Leogang, www.pfarre-leogang.at | **ÖPNV** Bahnhof Saalfelden, Postbus 690 bis Leogang Ortsmitte | **Anfahrt** A 10, Ausfahrt Bischofshofen, auf der B 164, der Hochkönigstraße, bis Leogang | **Öffnungszeiten** ganzjährig geöffnet | **Tipp** Gleich neben der Pfarrkirche kann man im historischen Kirchenwirt einkehren und auch übernachten. Er hat einen sehr schönen Gastgarten und ein gotisches Gewölbe im Festsaal »Samerstall« (www.hotelkirchenwirt.at).

36 Die Buchbinderei Fuchs

Speisekarten, padCases® und Clemmini®

In die Buchbinderei kommen Kunden mit den verschiedenartigsten Wünschen. Die einen suchen einen passenden Rahmen für ein Bild oder eine Urkunde, die anderen bringen das handgeschriebene Kochbuch ihrer Oma, das für nachkommende Generationen erhalten bleiben soll. Die Erinnerungen an ein ganzes Leben sollen gebunden werden oder die Familienchronik, die außerdem noch in eine Box aus geprägtem Leder eingelegt werden und so ewig halten soll. Für alle Erfordernisse findet Christian Fuchs eine Lösung.

Denn er ist nicht nur Buchbinder, sondern auch ein begnadeter Tüftler und Erfinder. Erfunden hat er etwa das »ClemmUp®«, ein cleveres Bindesystem für austauschbare Inhalte, das inzwischen vielfach kopiert wurde. Die passende Maschine, den »ClemmUp-o-Maten«, hat Christian Fuchs praktischerweise gleich mit erfunden: Buchumschlag am Rücken einhängen, Klemmschiene einlegen und zack, wird die Schiene eingeschossen und hält ihren Inhalt wie eine Eins. Egal, ob als »Clemmini®«, das Visitenkarten elegant und sicher zusammenhält, oder edle Speisekarte, für deren Umschlag es in puncto Material keine Grenzen gibt: Leder in allen Variationen, Leinen, Holz, Stein, Metall, sogar Heu und Gräser, die auf Loden oder Filz aufgetragen und mit einer hauchdünnen Schutzschicht abriebfest gemacht werden. Veredelt werden die Umschläge durch Prägungen mit Klischees aus Messing oder Magnesium an der Kniehebelpresse beziehungsweise im Thermodruck.

In Schubladenschränken lagern Bleisatz-Vorräte für Kunstdrucke, auch Radierungen und Lithografien werden hier gedruckt. Was auf zwei Etagen, im Untergeschoss und Erdgeschoss alles an Materialien, Maschinen und Produkten lagert, ist erstaunlich genug. Und dann schlummert in der Seele des Betriebsleiters auch noch ein Künstler, der seine Projekte zu Wettbewerben einreicht. Der Weg durch diesen Saalfeldener Handwerksbetrieb wird so zu einer echten Entdeckungsreise.

Adresse Zeller Bundesstraße 4, A-5760 Saalfelden, www.buchbindereifuchs.at | ÖPNV Bus 61 vom Bahnhof Saalfelden, bis Saalfelden-Zellerstraße | Anfahrt A 10, Ausfahrt Bischofshofen, auf der B 164 bis Saalfelden | Öffnungszeiten Mo–Fr 8–17 Uhr | Tipp Werfen Sie in Saalfelden einen Blick in eines der ältesten Häuser, den ehemaligen »Brücklwirt« in der Ramseider Straße 5. Sehenswert ist das sogenannte »Stöcklpflaster« aus großen Natursteinen, auf dem früher die Pferde und das Vieh durch das Haus in die Ställe geführt wurden.

37 Die Einsiedelei am Palfen

Was bin ich? Einsiedler.

Der Saalfeldener Ortsteil Bachwinkl ist Ausgangspunkt für verschiedene Ziele. Die Ambitionierteren peilen den Aufstieg auf das Persailhorn (2.347 Meter) über zwei Klettersteig-Alternativen an oder eine Überschreitung mehrerer Gipfel auf dem anspruchsvollen Saalfeldener Höhenweg. Anderen reicht die Steinalm als Nahziel. Es gibt auch ganz besondere »Saisonarbeiter«, denen man hier begegnen kann. Zum Beispiel Laki, einen Nepalesen, der schon seit zwölf Jahren den Sommer auf der Peter-Wiechenthaler-Hütte verbringt. Oder den bärtigen Diakon aus Belgien, der ein paar Etagen tiefer in der Einsiedelei Sankt Georg am Palfen in seiner Klause betet und arbeitet.

Der erste Einsiedler zog bereits 1664 auf den Palfen und baute eine Felsenhöhle zur Kapelle aus, in der das Bildnis des heiligen Georg, des Schutzpatrons der Tiere, verehrt wurde. Darunter wurde dann die Einsiedelei wie ein Nest an den Felsen gebaut, und die Eremiten gaben sich am Palfen bis in unsere Zeit sozusagen die Klinke in die Hand. Die Klausner übernahmen vor allem nachts die Feuerwache für das ganze Saalachtal und schlugen mit der Glocke Alarm, wenn sie etwas Verdächtiges entdeckten. Dafür durften sie in den umliegenden Gemeinden Spenden sammeln. Denn die Einsiedler am Palfen wurden und werden weder von der Kirche noch von den Gemeinden alimentiert. Sie müssen selbst für ihren Unterhalt sorgen. Der aktuelle Klausner, Stan Vanuytrecht, pensionierter Vermessungstechniker und geweihter Diakon, hat sich 2017 gegen 50 Mitbewerber durchgesetzt. Sein wichtigster Körperteil ist wahrscheinlich das Ohr, das er den Menschen leiht, die heraufkommen, um ihre Sorgen bei ihm abzuladen und sich Trost und Beistand zu holen. Wenn ihm an manchen Tagen die Ohren übergehen, sperrt er seine Klause zu und verduftet auf Schleichwegen in die Berge. Vielleicht schaut er dann bei Laki vorbei und gönnt sich eine Mehlspeise.

Adresse Bachwinkl 126, A-5760 Saalfelden | **ÖPNV** Bus 260 von Salzburg und Lofer bis Saalfelden-Pabing, dann Citybus 61 nach Bachwinkl | **Anfahrt** über B 311 von Lofer bis Saalfelden-Pabing und Bachwinkl | **Öffnungszeiten** April–Nov. | **Tipp** Die Burg Lichtenberg, auf einem Felsvorsprung über Saalfelden gelegen, stammt aus dem 13. Jahrhundert. Sie ist heute im Besitz derer von Teßbach und nicht zu besichtigen.

38 Die Thorer Kapelle

Drum bitte ich dich, du wolltest mir nachkommen

Sie ist sehr klein, diese Kapelle über dem Saalfeldener Ritzensee, aber sie hat viel zu erzählen. Es ist die traurige Geschichte einer Vertreibung. Bauen ließ sie nach mündlicher Überlieferung eine Bäuerin aus Saalfelden zur Erinnerung an ihren Mann, der sich zum protestantischen Glauben bekannte und deshalb zusammen mit vielen anderen Protestanten seine Heimat verlassen musste.

Der Salzburger Erzbischof Leopold Anton von Firmian erließ am 31. Oktober 1731 ein Emigrationspatent, das die Protestanten vor die Wahl stellte, entweder zu konvertieren oder ihr Hab und Gut zurückzulassen und auszuwandern. Von Sommer bis Winter 1732 verließen mehr als 20.000 Personen das Erzbistum Salzburg. In der Gegend um Saalfelden und Leogang waren es etwa 670 Männer, Frauen und Kinder, die sich an dem Ort, wo heute die Thorer Kapelle steht, von ihren zurückbleibenden Angehörigen und Nachbarn verabschiedeten.

Viele von ihnen schickte König Friedrich Wilhelm von Preußen nach Ostpreußen, das von der Pest entvölkert war. Andere landeten in Schwaben oder Franken, und einige kamen bis nach Amerika. Dass Familien und Ehepaare auseinandergerissen wurden, beschrieb Ludwig Ganghofer in »Das große Jagen« in Romanform für die Fürstpropstei Berchtesgaden.

Der 29-jährige Andreas Fräntzel schrieb im August 1732 aus Königsberg an seine in Leogang verbliebene katholische Frau: »Drum bitte ich dich, geliebte Ehefrau … du wolltest mir nachkommen, denn ich befinde mich an einem Ort, wo die Catholische Religion geduldet wird, und ich versichere dir und verspreche es, ich will dich zur Evangelischen Religion nicht zwingen und du kannst deine Andacht und Gottesdienst haben, wie dich verlust und verlanget.« Und obwohl er sie so eindringlich bat, folgte ihm seine Frau nicht in die Fremde. So fühlte sich Fräntzel nach drei Bittbriefen als geschieden und heiratete in seiner neuen Heimat ein zweites Mal.

Adresse Kollingwaldstraße, A-5760 Saalfelden | **ÖPNV** Citybus Saalfelden, Linie 63 bis Ritzensee | **Anfahrt** A 10, Ausfahrt Bischofshofen, auf der B 164 bis Saalfelden, dann den Hinweisschildern »Museum Schloss Ritzen« folgen | **Öffnungszeiten** ganzjährig geöffnet | **Tipp** Das Museum Schloss Ritzen (www.museum-saalfelden.at) informiert über die Geschichte Saalfeldens und zeigt römische Fresken aus einer Villa, die in Saalfelden ausgegraben wurde, Krippen sowie wechselnde Ausstellungen.

39 Das Porsche TraumWerk

Von Dampfmaschinen, Schuko-Autos und Krokodilen

Hans-Peter Porsche hat in Anger nicht ein TraumWerk geschaffen, sondern viele. Hier geraten nicht nur Liebhaber von Blechspielzeug, Sammler von Spielzeugautos und Fans der Modelleisenbahn ins Träumen, sondern auch Fans großer Marken wie Märklin, Schuko, Lutz und Steiff und natürlich die Porsche- und Oldtimer-Fans.

Für das Berchtesgadener Land ist es ein Glück, dass Hans-Peter Porsche, Enkel von Ferdinand und Sohn von Ferry Porsche, seine umfangreiche Sammlung – von der seine Frau behauptet, sie sei noch längst nicht komplett – hier in Anger in einem architektonisch ansprechenden Neubau untergebracht hat. Die Besucherzahlen übertreffen die Erwartungen, und alle, die schon da waren, verlassen, egal, welchen biologischen Alters, das TraumWerk mit glänzenden Kinderaugen. In vielen Jahren hat der leidenschaftliche Sammler alles, was fahren kann – Feuerwehr- und Rennautos, Flugzeuge, U-Boote, Schiffe, Lokomotiven –, und alles, womit man sofort spielen möchte – Zirkusse, Ritterburgen, Wassermühlen, Dampfmaschinen aus Blech –, zusammengetragen und in diesem Gebäude, das er bewusst nicht »Museum« nennt, für große und kleine Mitträumer ausgestellt. Mit einigen Sachen darf man tatsächlich spielen, beispielsweise mit der Carrera-Bahn. Wie sie folgt der ganze Ausstellungsweg einer Acht, der einzigen für Porsche standesgemäßen Form.

Die gigantische Modelleisenbahn, natürlich eine Märklin H0, bildet phantastisch detailreich Ausschnitte aus den Eisenbahnlandschaften der Alpenländer Deutschland, Österreich und Schweiz ab. Mit Tunnels, kühnen Talbrücken, Zwiebelturmkirchen und Menschen bei der Heuarbeit. In einer 17-Minuten-Licht-und-Ton-Installation wird ein Tageslauf von 24 Stunden simuliert, vom abendlichen Gewitter über den höchsten Gipfeln bis zum Hahnenschrei des anbrechenden Morgens. Bringen Sie ein bisschen Zeit mit nach Anger, zum Träumen und Staunen.

Adresse Zum Traumwerk 1, D-83454 Anger, Tel. +49/8656/989500, www.hanspeterporsche.com | **ÖPNV** Bahnhöfe Bad Reichenhall Hbf und Teisendorf, dann Bus 829 (15 Minuten) zur Haltestelle TraumWerk Porsche, Mo–Fr während der Öffnungszeiten | **Anfahrt** A 8, Ausfahrt Bad Reichenhall, Beschilderung Richtung Anger/Aufham folgen | **Öffnungszeiten** Di–So 9–17.30 Uhr | **Tipp** Nördlich von Anger liegt der Höglwörther See mit Strandbad, Klosterkirche und schönem Biergarten (klosterwirt-hoeglwoerth.de).

40__Der Klosterhof

Wellness der Extraklasse unter der Triskele

2016 eröffnete das »Premium Hotel & Health Resort« – der Klosterhof selbst blickt auf eine sehr viel längere Geschichte zurück. Seit 1500 ist der Hof in Bayerisch Gmain, über der Stadt Bad Reichenhall gelegen, nachgewiesen. Er gehörte zum Kloster Sankt Zeno. Nach der Säkularisation 1803 wurde er in eine Wirtschaft umgewandelt, später in ein Hotel. Das alte Gebäude blieb beim Umbau erhalten, sodass die Hotelgäste heute wählen können, ob sie ihr Sechs-Gänge-Gourmet-Menü in den zwei charmanten, behutsam restaurierten Stuben in original Holzbauweise einnehmen wollen oder im modernen Speisesaal mit Glasfront nach Süden.

Eineinhalb Jahre wurde umgebaut und erweitert, und nun gibt es ein neues Highlight in der Region, das bereits weit über die Grenzen des Berchtesgadener Landes hinaus bekannt ist und auch schon fleißig Preise sammelt. Hochwertigkeit, außerordentlicher Geschmack und extra Qualität zeichnen die 65 Panoramazimmer und die Lofts mit privatem Spa auf einer Galerieebene aus. Ebenso den phantastischen Wellness- und Spa-Bereich mit Gesundheitszentrum, das kulinarische Konzept und die Kunst, die sich als Skulpturen und Ornamente überall, bis zum Logo des Hauses, wiederfindet. Es stellt eine Triskele, eine besonders von den Kelten bekannte Dreifachform aus Kreisbögen, Spiralen oder anderen Elementen, dar.

Das besondere Konzept von Wellness und Gesundheit hat auch mit dem Eigentümer des Klosterhofs, Dr. Andreas Färber, zu tun. Er ist selbst Lungenfacharzt und wird eine eigene Praxis mit gesamtheitlichem Ansatz im Hotel betreiben. Er nennt es »Konzeptmedizin«. Der Patient soll dabei als Mensch und Individuum wieder im Mittelpunkt stehen, nicht eine Diagnose.

Der betörend feine Geruch in den Apfelholz- oder Zirbenzimmern, der Klang des Bechstein-Flügels in der Bibliothek, das Entspannen beim Floating im Alpen SoleDom – es gibt sehr vieles zu erleben im neuen Klosterhof.

Adresse Steilhofweg 19, D-83457 Bayerisch Gmain, www.klosterhof.de, Tel. +49/8651/98250 | **ÖPNV** Bahnhof Bad Reichenhall oder Bayerisch Gmain | **Anfahrt** A 8, Ausfahrt Bad Reichenhall, auf die B 20, dann B 21, in die Tumpen- und Leopoldstraße und auf den Harbachersteig fahren, beschildert | **Öffnungszeiten** ganzjährig geöffnet | **Tipp** Auf einem Panoramaweg erreichen Sie auch zu Fuß das Zentrum des Staatsbads Bad Reichenhall mit dem 1900 von Max Littmann erbauten Königlichen Kurhaus. Die Bad Reichenhaller Philharmonie gastiert hier regelmäßig.

41 Das Haus der Berge

Geklotzt statt gekleckert

Wer sich noch an die beengten Verhältnisse im alten Nationalparkhaus am Franziskanerplatz erinnert, der ist froh, dass der einzige Alpennationalpark Deutschlands nun in einem ansprechenden, seiner Bedeutung angemessenen Bau mit ausreichend Platz untergebracht ist. Auch wenn die moderne Architektur unter Verwendung von heimischem Lärchenholz, Glas und nicht rostfreiem Stahl, deren natürliche Verwitterung mit zum Plan gehört, zu Beginn nicht alle gleichermaßen begeistert hat. Doch der Wurm muss dem Fisch schmecken, nicht dem Fischer, und allein 150.000 Besucher in den ersten acht Monaten seit der Eröffnung im Mai 2013 geben dem Konzept recht. Es ist eine Erfolgsgeschichte. Heute, nur ein paar Jahre später, ist das Haus der Berge nicht mehr aus Berchtesgaden wegzudenken.

Inzwischen sind auch die Außenanlagen fertiggestellt und stehen als Bildungs- und Seminareinrichtungen Schulklassen und interessierten Gruppen zur Verfügung. Von den 17.000 Quadratmetern Gesamtfläche nimmt die Ausstellung »Vertikale Wildnis« 900 in Anspruch. Man bewegt sich als Besucher stetig ansteigend durch die Lebensräume, die man im Nationalpark vom Grund des Königssees bis zum höchsten Watzmanngipfel auf 2.713 Metern vorfindet: Wasser, Wald, Alm und Fels. Es geht um die Pflanzen- und Tierwelt und die Ökologie im Nationalpark, aber auch um den Menschen, der seit Jahrhunderten die Almen bewirtschaftet, Holz schlägt, Berge besteigt und auf die Jagd geht. Das didaktische Konzept der modernen Ausstellung zielt auf das Sehen, Hören, Fühlen, Schmecken und somit Begreifbarmachen der Natur. Nicht nur für Kinder gibt es an vielen Stationen etwas auszuprobieren.

Der draußen wiederaufgebaute »Lahnerkaser«, eine originale Almhütte aus dem Jahr 1848, gehört zum Bildungszentrum. Die Bergarena, das Alpinum mit Blumen und Farnen und der Panoramaweg stehen allen Besuchern offen.

Adresse Hanielstraße 7, D-83471 Berchtesgaden, Tel. +49/8652/9790600, www.haus-der-berge.bayern.de | **ÖPNV** RVO-Bus 839 und 841, Haltestelle Haus der Berge | **Anfahrt** A 8, Ausfahrt Bad Reichenhall, auf die B 20, dann Berchtesgadener Straße bis Parkplatz Hanielstraße | **Öffnungszeiten** täglich 9–17 Uhr, Do, Fr bis 20 Uhr | **Tipp** »Spiesbergers Alpenküche« kann mit einem herrlichen Watzmannblick und vielen Schmankerln vom Gamsknödel bis zum selbst gemachten Eis aufwarten. Unter anderem mit dem weltbesten Zwetschgendatschi (www.spiesberger-alpenkueche.de).

42 Der Hohe Göll

Kein Berg für Eilige

Der Hohe Göll ist mit seinen 2.522 Metern der höchste Gipfel des Göllmassivs, über das sich die Landesgrenze zwischen Deutschland und Österreich zieht. Er ragt über 2.000 Meter aus der Ebene auf und ist eine beeindruckende Erscheinung. Berühmt ist seine Spiegelung im Ramsauer Hintersee, obwohl er Luftlinie circa 20 Kilometer entfernt ist. Ohne ein wenig Kletterei, Trittsicherheit und Schwindelfreiheit kommt man ihm nicht so richtig nahe. Jeder Aufstieg, egal, von welcher Seite, ist lang und anspruchsvoll.

Der Erste, der auf seinem Gipfel stand, war der aus Slowenien stammende Biologiestudent Valentin Stanič, der um 1800 in Salzburg lebte. Er war einer der Ersten, die den Großglockner bezwangen, und führte umfangreiche Vermessungen an seinem Gipfel durch. Im August 1800 erreichte er als erster Mensch die Watzmann-Mittelspitze, und kurz darauf, vermutlich am 4. September 1800, war er der erste auf dem Hohen Göll. Mit Hilfe barometrischer Messungen bestimmte er die Höhe des Berges auf erstaunliche 7.812 Pariser Fuß (2.538 Meter) über der Adria. Er hatte sich um ganze 15 Meter verrechnet.

Stanič muss ein guter Kletterer mit einer hervorragenden Kondition gewesen sein. Die braucht man auch heute noch, wenn man sich zum Göllgipfel aufmacht. Die Tour über den Mannlgrat, einen mit Drahtseilen gesicherten alpinen Steig, ist für reine Wanderer nicht geeignet. Man klettert erst über den Grat, dann durch den »Kamin«, einen senkrechten Einschnitt zwischen zwei Felswänden, der mit Eisentritten erschlossen ist, und muss dann die steile, aber breite Flanke des Berges erklimmen. Den Gipfel sieht man erst ganz spät, wenn man fast schon oben ist. Das Gipfelkreuz ist nicht mehr das erste von 1885, man erkennt es an dem modernen Schwung.

Weiß leuchtet hinter Watzmann und Steinernem Meer der Großvenediger herüber, und man könnte glatt vergessen, dass man bald wieder runtermuss.

Adresse Parkplatz Salzbergstraße 45, D-83471 Berchtesgaden | **ÖPNV** RVO-Bus 838 vom Bahnhof Berchtesgaden, dann Bus 849 Kehlsteinlinie bis Endstation Kehlsteinhaus | **Anfahrt** A 8, Ausfahrt Bad Reichenhall, auf der B 20 bis Zentrum Berchtesgaden, dann B 305 und B 319/Salzbergstraße | **Öffnungszeiten** begehbar in den Sommermonaten | **Tipp** Im herrlich gelegenen Purtschellerhaus am Hohen Göll verläuft die deutsch-österreichische Grenze mitten durchs Haus. Es ist von der mautpflichtigen Roßfeld-Höhenringstraße in etwa einer Stunde erreichbar (www.purtschellerhaus.de).

43__Der Lederhosenmacher

Warten auf das beste Stück

Auf den ersten Blick wirkt die Werkstatt wie eine Puppenstube. Aber da sitzt ein ausgewachsener junger Mann über sein Arbeitsstück gebeugt, im Rücken die Berchtesgadener Fußgängerzone. Er übt einen Beruf aus, der ihm sichtlich Freude macht und über den er auch viel zu erzählen weiß. Der Lederhosenmacher Engelbert Aigner übt sein Handwerk genau so und mit denselben Werkzeugen aus, wie es schon seine Vorgänger vor Jahrzehnten oder Jahrhunderten getan haben. Er erklärt, wie aus einem besonders weichen, »sämisch« gegerbten Hirschfell eine maßgeschneiderte und aufwendig per Hand bestickte Lederhose entsteht. Ein Unikat, das seinen Träger durch sein ganzes Leben begleitet und sogar vererbt wird.

Zwei Hirsche braucht man für eine Lederhose, weil nur der mittlere Teil des Fells verarbeitet wird. Ist das Maß eines Lederhosen-Aspiranten einmal genommen, werden die Lederteile mit einem Zeichenbein aus Kuhhorn angezeichnet und zugeschnitten. Alle Teile, die bestickt werden, werden auf Papier oder Leinen aufgebügelt, damit sie sich beim Sticken nicht verziehen. Dazwischen kommt eine dünne Schicht handgemachten Leims aus Roggenmehl und heißem Wasser. Dann wird mit Hilfe einer Schablone und Kreidepulver das gewünschte Muster, meist Eichen-, Weinlaub oder Edelweiß, auf das Leder gepudert und die Linien mit Gummi arabicum und einer Entenfeder nachgezeichnet. Die Stickerinnen besticken die Hose mit grünem, beigem oder gelbem Garn aus reiner Maulbeerseide. Wenn die Teile zusammengenäht und versäubert sind, kann der stolze Besitzer zum Abholen kommen.

Die Wartezeit zwischen Maßnehmen und Übergeben der fertigen Hose liegt derzeit bei etwa zwei Jahren. In jeder Lederhose stecken zehn Stunden Näh- plus mindestens 15 Stunden Stickarbeit. Fünf bis zehn Lederhosen entstehen pro Woche in dieser Werkstatt, in der ein junges Team einem alten, aber quicklebendigen Handwerk nachgeht.

Adresse Metzgerstraße 1, D-83471 Berchtesgaden, Tel. +49/8652/8539, www.lederhosen-aigner.de | **ÖPNV** RVO-Bus 839 und 841, Haltestelle Berchtesgaden-Zentrum | **Anfahrt** A 8, Ausfahrt Bad Reichenhall, auf der B 20 bis Zentrum Berchtesgaden | **Öffnungszeiten** Mo–Sa 9–12 Uhr, Mo–Fr 14–18 Uhr | **Tipp** Zur Stärkung bietet sich der traditionsreiche Gasthof Neuhaus gleich gegenüber an. Innen uriges Wirtshaus mit Gewölbe und Kachelofen, draußen ein Biergarten unter Kastanien.

44 Die Schnitzschule

Ein buntes Völkchen

Stühle für die Touristinfo im Kongresshaus, neue Fenster für die Hütte auf der Gotzenalm, Sitzbänke für den Leseraum der Schüler im Gymnasium – die Aufträge für die Lehrlinge und Gesellen der Schnitzschule in Berchtesgaden sind vielfältig. Sie gestalten den Markt Berchtesgaden mit, und man erkennt sie auf den ersten Blick. An den Dreadlocks, den Haremshosen, den Ethno-Klamotten und den selbst gedrehten Zigaretten. Aus Berchtesgaden sind sie nicht mehr wegzudenken, die jungen Leute von der »Hoizschnitzschui«.

An der »Berufsfachschule für Holzschnitzerei und Schreinerei des Landkreises Berchtesgadener Land«, die 1840 gegründet wurde, kann man zwei Lehrberufe erlernen: Holzbildhauer/Schnitzer und Schreiner/Tischler. Beide Ausbildungen dauern drei Jahre. Die Bildhauer arbeiten nicht nur in Holz, sondern auch in Stein und Bronze. Absolventen arbeiten später als Bildhauer, Restauratoren, Bühnenbildner und Filmausstatter, oder sie gehen zum Studium an eine Kunstakademie. Die Schreiner, die neben Holz auch in die Verarbeitung von Kunststoff, Metall und Glas eingeführt werden, lernen, ihre eigenen Entwürfe zu zeichnen und Möbelstücke am Computer zu konstruieren. Sie können nach der Gesellenprüfung mit Instrumentenbau, Design oder Architektur weitermachen.

Bei der Freisprechungsfeier erhalten die Schüler zum Abschluss traditionell ihren Gesellenbrief und einen »Erinnerungshobel«. Und wer beide Ausbildungsgänge nach insgesamt sechs Jahren abschließt, der bekommt sogar zwei. Ein- bis zweimal jährlich veranstaltet die Schule einen Tag der offenen Tür, an dem man die Schüler bei der Arbeit an ihren Werken erleben und handgeschreinerte Möbel, Steckenpferde oder Bildhauerarbeiten kaufen kann. Jeden ersten Samstagnachmittag im Monat gibt es eine Schulführung für interessierte Bewerber. Aufnahmeprüfungen finden jeweils Ende März/Anfang April statt.

Adresse Bergwerkstraße 12, D-83471 Berchtesgaden, Tel. +49/8652/9789330, www.berufsfachschule-berchtesgaden.de | ÖPNV Bahnhof Berchtesgaden, RVO-Bus 840, Haltestelle Schießstättbrücke | Anfahrt A 8, Ausfahrt Bad Reichenhall, auf der B 20 bis Berchtesgaden, dann auf die B 305 / Bergwerkstraße | Öffnungszeiten während der regulären Schulzeiten | Tipp Etwas weiter flussabwärts erreicht man die neu renovierte Watzmann-Therme mit Schwimmbad, Solebecken und schöner Saunalandschaft (www.watzmann-therme.de).

45 Die Weihnachtsschützen

Viel Lärm um böse Geister

Seit mindestens 350 Jahren schießen sie schon, die Berchtesgadener Weihnachtsschützen. Der Markt Berchtesgaden hat ihnen zwei Denkmäler gesetzt: eines aus Holz, direkt am Eingang zum Kurgarten, ein zweites durch die Benennung des Weihnachtsschützenplatzes – eines zentralen Platzes in der Fußgängerzone – nach ihnen. Nach dem Zweiten Weltkrieg wurden die Berchtesgadener Weihnachtsschützen sogar als widerstandsähnliche Gruppe eingestuft, weil sie sich nicht von den Nazis hatten vereinnahmen lassen. Ihr Ehrenvorsitzender Rudolf Kriß überlebte den Krieg im KZ Buchenwald. Er wurde später zum Bürgermeister gewählt.

Schon 1666, als dieser Brauch zum ersten Mal in einem schriftlichen Dokument erwähnt wurde, unterstellte man den Böllerschützen, die zu Weihnachten und in den Raunächten ihr Unwesen trieben, dass sie womöglich gar nicht ausschließlich die Ehre Gottes im Sinn hätten, sondern auch »allerhand bubereyen« verübten.

In der Fürstpropstei Berchtesgaden wurden die Bauern zur Landesverteidigung auf ihren Lehen mit Vorderladerbüchsen ausgerüstet und nutzten sie neben militärischen Zwecken auch gleich zur Vertreibung der Wintergeister. Und so schießen sie bis heute – und zwar in 17 Vereinen mit mehr als 3.000 Mitgliedern und etwa 1.000 aktiven Schützen. Ausschließlich Männer, und immer in Berchtesgadener Tracht mit blaugrauer Joppe und dem Schützenhut mit Gamsbart oder Spielhahnfeder. Sie schießen traditionell mit kurzläufigen, großkalibrigen Handböllern und Schaftböllern.

Die Weihnachtsschützen beginnen eine Woche vor Heiligabend jeweils um 15 Uhr mit dem sogenannten »Christkindl-Anschießen«, bei dem die bevorstehende Geburt Christi mit Böllerschüssen angekündigt wird. Am 24. Dezember wird in einzelnen Gemeinden vor und nach der Christmette mit Handböllern geschossen. In der Neujahrsnacht wird das alte Jahr verabschiedet und das neue mit Radau willkommen geheißen.

Adresse Kurpark Maximilianstraße, D-83471 Berchtesgaden | ÖPNV RVO-Bus 839 und 841, Haltestelle Berchtesgaden-Zentrum | Anfahrt A 8, Ausfahrt Bad Reichenhall, auf der B 20 bis Zentrum Berchtesgaden | Tipp In der Vorweihnachtszeit zeigt sich der Berchtesgadener Talkessel besonders reich an gelebtem Brauchtum. Am 5. und 6. Dezember laufen die Buttenmandl und Kramperl durch die Gemeinden, in der Adventszeit tragen die Klöcklsinger den Segen in jedes Haus.

46 Das Bluntautal

Klare Seen und lange Zustiege

Das sechs Kilometer lange, wasserreiche Bluntautal erschließt das Göllmassiv und das Hagengebirge von östlicher, österreichischer Seite her. Urheber des Tals ist der Fischbach, der bei Golling in die Salzach mündet. Das liebliche Bluntautal mit seinen Bachläufen, glasklaren Seen und Wasserfällen wird als Naherholungsgebiet Salzburgs und des Tennengaus von Spaziergängern und Familien mit Kindern genutzt, die hier Bäche aufstauen und in seichten Gewässern nach Herzenslust herumplanschen können. Das Wasser der grünen Bluntauseen ist so klar, dass man an ihren Rändern die Fische wie in einem Aquarium beobachten kann.

Ein Spazierweg führt in einer Stunde zur Bärenhütte, einer idyllisch gelegenen Jausenstation.

Für Wanderer und Entdecker geht es nach der Bärenhütte erst richtig los. Die einen halten sich südwestlich und steigen zum Schlumkopf und zur Windscharte auf über 2.000 Metern auf. Die anderen halten sich nördlicher und kommen auf einem Forstweg, den Erzherzog Franz Ferdinand 1907 als bequemen Weg in sein Jagdrevier anlegen ließ, über die Untere und Obere Jochalm bis zum Torrener Joch auf 1.734 Metern hinauf. Dort thront das Carl-von-Stahl-Haus und sorgt ganzjährig für Kost und Logis. Von da ist es nur mehr ein Katzensprung auf den Schneibstein, den am leichtesten zu erreichenden 2.000er der Berchtesgadener Alpen. Man kann ihn sich von der Sonnenterrasse des Stahlhauses aber auch nur ansehen.

Unterwegs im alpinen Gelände gibt es noch ein Bärenloch zu entdecken, eine Höhle, die einen ganzen Bärenfriedhof beherbergt, wie Knochenfunde belegen. Außerdem die Wasserfälle der Weißen Torren und den eigenartigen Fischbachwasserfall, wo das Wasser aus dem Hagengebirge aus dem Felsen gespuckt wird. So bietet das paradiesgrüne Bluntautal für alle Bedürfnisse etwas. Wanderer nehmen unten am Eingang den rechten Waldweg, Mountainbiker den linken Forstweg.

Adresse Bluntautal, Torren 56, A-5440 Golling | **Anfahrt** A 10, Ausfahrt Golling, auf der B 159 bis Golling, dann auf die Wasserfall- und Bluntaustraße, parken beim Gasthof Göllhof; Zufahrt zur Bärenhütte nur Mo–Fr befahrbar | **Tipp** Wer noch nicht genug hat vom Wasser, kann vom Bluntautal in circa 40 Minuten zu Fuß zum mächtigen Gollinger Wasserfall im nächsten Gebirgstal hinüberwandern oder auch -fahren. Beim Gasthof Göllhof links in den Bachteiweg, danach in den Gufenweg abbiegen und auf die Wasserfallstraße.

47__Die Schönfeldspitze

Die Pyramide von Berchtesgaden

Die Schönfeldspitze ist nach dem Watzmann die zweite prägende Berggestalt in Berchtesgaden. Eine formschöne Pyramide – von Berchtesgaden aus gesehen –, ganz ohne das Zutun menschlicher Hände oder vulkanischer Aktivitäten entstanden und mit 2.653 Metern die zweithöchste Erhebung des Steinernen Meeres, die von der österreichischen Seite über die Ramseider Scharte am schnellsten, wenn auch am steilsten, begangen werden kann.

Ein Spaziergang ist die Tour auf die Schönfeldspitze nicht, aber für geübte Berggeher gut zu machen. Man kann an einem Tag rauf auf die Spitze und wieder runter ins Tal gehen, aber das lohnt sich gar nicht. Außer man trainiert für den nächsten Zugspitz-Berglauf oder die »Seven Summits«. Denn das Hochplateau des Steinernen Meeres, durchgängig über 2.000 Meter hoch und eine ganz eigene Mondlandschaft mit Fossilieneinschlüssen und spärlicher Vegetation, ist es wert, mit mehr Zeit und Muße begangen und erforscht zu werden. Zum Glück gibt es einige Stützpunkte, die man aus Versorgungsgründen anlaufen kann. Vom Riemannhaus, das phantastisch auf fast 2.200 Metern Seehöhe liegt, an den Wandfuß des Sommersteins geklebt wie ein Schwalbennest, erklimmt man die Pyramide in zwei bis drei Stunden. Mit Pausen, Gipfelrast und Zeit für den phantastischen Rundblick also eine Tagestour. Die Pietà anstelle des üblichen Gipfelkreuzes auf der Schönfeldspitze ist etwas ganz Besonderes. Geschaffen hat sie der Kapruner Bildhauer Anton Thuswaldner.

Abends kann man vom Riemannhaus noch den Sommerstein auf einem kurzen Normalweg erklimmen oder, wenn man flotter unterwegs ist, auch das Breithorn. Dann bei einem Weißbier den Sonnenuntergang beobachten, um 22 Uhr die Ohropax eindrehen und hinein ins Bettenlager. Wer sich tagsüber ordentlich angestrengt hat, kann trotz des Schnarchgeräuschpegels meist doch relativ bald einschlafen, um am nächsten Morgen in Ruhe wieder abzusteigen.

Adresse Riemannhaus, A-5761 Schöneck, Tel. +43/6582/73300, www.riemannhaus.de | **Anfahrt** A 10, Ausfahrt Knoten Pongau, auf der B 311 und B 164 bis Maria Alm, 3 Kilometer bis zum Parkplatz Sandten | **Öffnungszeiten** Mitte Juni – Anfang Okt. | **Tipp** Wer zum Kärlingerhaus am Funtensee weiterwandert, sollte beim Salzburger Kreuz die »Wunderquelle« nicht übersehen. Hier quillt eine Wasserader unvermutet aus dem nackten Fels wie eine Oase mitten in der Wüste.

48 Das Wildalmkirchl-Biwak

Luxus ohne Strom und Wasser

Das Wildalmkirchl ist ein markanter Berg im Steinernen Meer, einer Hochfläche auf über 2.000 Metern, aus der viele Einzelgipfel ragen. Seine charakteristische Form hat ihm den Namen gegeben. Das Wildalmkirchl sieht aus wie eine Kirche mit Turm, ist mit 2.578 Metern schon ein Riese und einer der am schwierigsten zugänglichen Gipfel im Steinernen Meer. Ohne Klettern geht da gar nichts.

Doch die meisten Menschen, die hier am Wildalmkirchl vorbeikommen, sind Weitwanderer, die gar nicht vorhaben, den Gipfel zu erklettern. Sie durchqueren das Steinerne Meer vom Riemannhaus zum Matrashaus am Hochköniggipfel oder umgekehrt. Das ist eine weite Strecke mit mehreren Gipfeln, die überschritten werden müssen. Während schnelle Wanderer die Tour an einem Tag bewältigen, gibt es andere, die nicht so weit kommen. Für sie hat der Österreichische Touristenklub schon 1958 eine Biwakschachtel unter dem Wildalmkirchl aufgestellt. Sie war aus Blech und bot vier Notschlafplätze. 1989 leistete sich der ÖTK an gleicher Stelle einen Neubau, diesmal größer und aus Holz. Das Biwak wurde in Maria Alm komplett zusammengebaut, dann mit einem Hubschrauber der Bundeswehr zum Standort geflogen und aus der Luft in das vorgefertigte Fundament eingesetzt. Der Pilot der Fliegerstaffel Ulm hätte dafür eigentlich einen Bergsteigerorden verdient.

Im heimeligen Biwak gibt es acht Betten. Kommen mehr müde Wanderer an, dann werden sie eben brüderlich geteilt. Decken sind vorhanden, auch ein Eimer zum Wasserholen. Kochgelegenheit, Strom, Wasser: Fehlanzeige. Wenn im Hochsommer kein Wasser mehr in der Nähe zu finden ist, muss man Schnee schmelzen, solange die Sonne scheint. Nach Sonnenuntergang ist Zapfenstreich, und alles verschwindet in den Kojen, um mit dem ersten Tageslicht frisch und ausgeschlafen weiterzuwandern. Keine Luxuslodge, aber ein sicherer Ort auf 2.467 Metern mitten im Hochgebirge.

Adresse Wildalmkirchl, A-5761 Maria Alm am Steinernen Meer, Tel. +43/6582/70393 | Anfahrt über B 311 von Lofer bis Maria Alm und Hinterthal | Öffnungszeiten ganzjährig geöffnet | Tipp Die spätgotische Wallfahrtskirche von Maria Alm hat mit 84 Metern den höchsten und den spitzesten Kirchturm in der Erzdiözese Salzburg. Dem Gnadenbild der Muttergottes werden besondere Wundertätigkeiten zugesprochen.

49__Das Untersbergmassiv

Tafelberg mit Höhlen und Tiefen

Viele Wege führen auf den Untersberg, der wie ein Tafelberg aus der Ebene ragt und zu einem Drittel auf österreichischem, zu zwei Dritteln auf bayerischem Boden steht. Am schnellsten ist man oben, wenn man die Untersbergbahn in Grödig nimmt. Die spektakuläre Fahrt dauert genau 8,5 Minuten.

Der nördlichste Ausläufer der Berchtesgadener Alpen besteht hauptsächlich aus Kalkstein, der an seiner Nordseite als rötlich gefärbter »Untersberger Marmor« abgebaut wird. Über 400 Karsthöhlen hat man bisher entdeckt. Um sie ranken sich viele Mythen. Kaiser Karl der Große soll in einer von ihnen seiner Auferstehung harren. Alle 100 Jahre erwacht er und schläft weiter, solange die Raben noch um den Berg fliegen. Versorgt wird er von emsigen Zwergen, den »Untersberg-Mandln«. Nach anderen Erzählungen ist es nicht Kaiser Karl, sondern Friedrich Barbarossa, dessen roter Bart schon zweimal um den Tisch im Berg gewachsen ist. Nach der dritten Runde soll dann das Ende der Fahnenstange und der Welt erreicht sein. Während die Alpen-Schamanen zum Trommeln und Singen in die Höhlen des Untersbergs steigen, werden sie von Speleologen erforscht. Am bekanntesten sind die Schellenberger Eishöhle, die Kolowrathöhle, die im 19. Jahrhundert sogar zum Eislaufen genutzt wurde, und die mit 19 Kilometern bisher längste und 1.148 Metern tiefste Höhle Deutschlands, die man erst 1996 entdeckt hat.

In der »Riesending«-Schachthöhle fand im Juni 2014 die größte Bergrettungsaktion aller Zeiten statt. Elf Tage nach seinem Unfall in rund 950 Metern Tiefe, etwa 6,5 Kilometer vom Einstiegsschacht entfernt, konnte der Höhlenforscher Johann Westhauser von einem über 100-köpfigen Team trotz schwerster Kopfverletzung lebend aus der Tiefe geborgen werden.

Die Höhle auf dem Bild ist nicht das Riesending, sondern das Mittagsloch. Der Steig ist nicht markiert und bleibt erfahrenen Kletterern vorbehalten.

Adresse Ettenberger Straße, D-83478 Marktschellenberg, Parkplatz Rossboden | **ÖPNV** RVO-Bus 840 bis Marktschellenberg, von dort 4,5 Kilometer bis Rossboden | **Anfahrt** A 10, Ausfahrt Salzburg-Süd, auf der B 160 bis Marktschellenberg, dann rechts Richtung Ettenberg bis zum Wanderparkplatz Rossboden | **Öffnungszeiten** Stöhrhaus Mitte Mai–Mitte Okt. | **Tipp** Auf dem Hochplateau von Ettenberg ist das schöne Ensemble der Rokoko-Wallfahrtskirche Mariä Heimsuchung einen Besuch wert, vor allem in Kombination mit dem historischen Mesnerwirt mit Biergarten und phantastischer Bergsicht.

50 Der Hochkönig

Auf dem Dach der Berchtesgadener Alpen

Der Hochkönig mit seinen 2.941 Metern ist nicht das Dach der Welt, aber der höchste Gebirgsstock der Berchtesgadener Alpen. Aufgrund seiner Schartenhöhe von 2.181 Metern gehört der Hochkönig zu den prominentesten Bergen der Alpen. Sein ehemals beeindruckender Gletscher, die »Übergossene Alm«, war Ende des 19. Jahrhunderts noch 5,5 Hektar groß. Mittlerweile ist er auf 1,5 Hektar zusammengeschrumpft, von vielen Berchtesgadener Gipfeln aus ist er aber immer noch gut sichtbar. Wenn etwas aus Richtung Osten weiß herüberleuchtet – und wenn es nicht der Dachstein ist –, dann muss es die »Übergossene Alm« sein.

Der Sage nach trieben es die Sennerinnen und Senner auf der einstmals grünen Alm gar zu arg. Sie sollen aus lauter Übermut die Wege mit Käselaiben gepflastert und mit Butter verfugt haben. So viel Verschwendungssucht musste bestraft werden, und so kam es angeblich zur Vergletscherung, die dem wüsten Treiben auf der Alm ein Ende setzte.

Die Käselaibe und Butterstücke werden heute wie alles andere per Hubschrauber auf das am Gipfel des Hochkönigs thronende Matrashaus geflogen. Es wurde 1982 neu erbaut, nachdem der Vorgängerbau vollständig ausgebrannt war. Hüttenwirt Roman Kurz ist nicht nur ein Bergfex erster Güte, sondern auch ein humorvoller Tagebuchschreiber, der jede Menge Geschichten über das Haus, das er seit 1999 mit seiner Frau bewirtschaftet, erzählen kann. Zum Staunen und zum Kopfschütteln sind seine Geschichten – und dabei auch stetige Mahnrufe, die Gefahren des Berges, die Wetterkapriolen im Hochgebirge und die eigenen Fähigkeiten nicht falsch einzuschätzen. Kurz beobachtet wachsam alles, was in und um seine Hütte herum vorgeht. Einmal erreichte eine ungarische Familie erst nach Einbruch der Dunkelheit die Hütte und hatte ihren Opa unterwegs zurückgelassen, was einen Rettungseinsatz zur Folge hatte. Abenteuer erlebt er dort oben zuhauf.

Adresse Franz-Eduard-Matras-Haus, A-5505 Mühlbach, Tel. +43/6467/7566, www.matrashaus.at | **ÖPNV** Bus 633 von Dienten, Mühlbach bis Berghotel Arthurhaus | **Anfahrt** A 10, Ausfahrt Bischofshofen, auf der B 311, dann B 164 bis Mühlbach am Hochkönig, dann Mandlwandstraße bis Berghotel Arthurhaus | **Öffnungszeiten** Mitte Juni–Anfang Okt. | **Tipp** Vom Alpengasthof Kopphütte führt eine vier Kilometer lange Naturrodelbahn bis in den Ort Mühlbach. Der Skibus in Richtung Arthurhaus verkürzt den Zustieg auf 20 Minuten (www.kopphuette.at).

51 Das Chiba Outlet

Handschuhe für Kaiser und Normalsterbliche

Die Familie Chiba stammt aus Abertham bei Karlsbad, dem ehemaligen Zentrum der böhmischen Handschuhfabrikation. 1853 wurde sie wegen ihres hervorragenden Rufs vom österreichischen Kaiser zum Handschuhlieferanten für die kaiserliche Familie erkoren. Tja, die k. u. k. Zeiten sind vorbei. Aber die Firma Chiba gibt es immer noch, mit Sitz in Teisendorf im Berchtesgadener Land. Heute kaufen Wintersportler, Skifahrer, Langläufer, Radfahrer, Kletterer, die mutigen Männer und Frauen von der Feuerwehr und Menschen, die ganz spezielle, hochwertige Arbeitshandschuhe benötigen, bei Chiba ein.

In Piding, an der Autobahn A 8 München–Salzburg, betreibt »Chiba Gloves«, wie die Firma heute heißt, einen Outlet-Store. 5.000 Paar Handschuhe warten dort auf ihre neuen Besitzer. Die Beratung ist sehr fachkundig, und am Ende kann man hier ein echtes Schnäppchen machen.

Sogar Rübezahl könnte hier fündig werden, falls es ihn irgendwann vom Riesengebirge ins Berchtesgadener Land verschlagen sollte. Es wäre die Reise wert, denn in Piding fände er den größten Handschuh der Welt. Und wenn der nicht passt, dann schneidern ihm die Teisendorfer bestimmt ein Paar nach seinen Maßen.

In das Outlet integriert ist ein kleines Handschuhmuseum mit Chiba-Modellen aus verschiedenen Jahrzehnten des 20. Jahrhunderts. Man findet hier zum Beispiel ein besonders schickes, weißes, flauschiges Modell aus den 70ern, das an den Fingerspitzen aufgenähte schwarze Krallen hat. Oder Handschuhe in Neon- und Regenbogenfarben. Eine alte Werkstatt mit verschiedenen Ledersorten, fußbetriebenen Singer-Nähmaschinen und den typischen Werkzeugen der Handschuhmacher ist hier ebenfalls aufgebaut. Ein Blick in die Vergangenheit. Man riecht förmlich das feine Ziegenleder, spürt das Kalbsleder, man hört die Nähmaschinen rattern und das alte Transistorradio knistern. So macht Outlet sogar Outlet-Muffeln Spaß.

Adresse Lattenbergstraße 3, D-83451 Piding, www.chiba.de | **Anfahrt** A 8, Ausfahrt Bad Reichenhall, am Kreisel zu Burger King in die Lattenbergstraße abbiegen | **Öffnungszeiten** Mo–Fr 10–19 Uhr, Sa 10–18 Uhr | **Tipp** Zur Erholung nach den diversen Sportartikel-Outlets in Piding bieten sich zwei Traditionsgaststätten an: das Wirtshaus Staufeneck (www.wirtshaus-staufeneck.de) und der Altwirt in Piding (www.altwirt.de). Beide mit schönem Biergarten.

52 Das Bergsteigerdorf

Nachhaltig und gut

Autobahnanschluss, Flughafennähe, Landschaftsschäden, Industrie oder Technikdominanz – das alles hat die Gemeinde Ramsau nicht zu bieten. Gott sei Dank, denn sonst wäre das idyllisch am Fuß der Reiteralm und in unmittelbarer Nähe von Hochkalter und Watzmannmassiv gelegene Dorf auch nicht zum ersten von bisher drei deutschen Bergsteigerdörfern ernannt worden. Die Auszeichnung wird vom Alpenverein nur dann verliehen, wenn die eingangs erwähnten Mängel ausgeschlossen sind.

Die Nationalpark-Gemeinde Ramsau bei Berchtesgaden ist das reinste Postkartenidyll. Die Pfarrkirche Sankt Sebastian, von der Ramsauer Ache aus gesehen, aus der sogenannten »Malerwinkel-Perspektive«, wurde und wird immer noch tausendfach abgelichtet, gezeichnet und gemalt. Der alte Ramsauer Friedhof ist ein gefragter Filmdrehort. Die Gemeinde zählt 250 Kilometer Wanderwege und Steige und bietet eine in Jahrzehnten gewachsene touristische Infrastruktur. Ihre Bergführerdichte ist kaum zu toppen. Während anderswo noch neue Skigebiete aufwendig erschlossen werden, bleibt Ramsau standhaft und sorgt stattdessen für die Nahversorgung der Gäste und den öffentlichen Verkehr, den die Urlauber durch das Bezahlen der Kurtaxe sogar gratis nutzen können. Sanfter Tourismus statt Bergbespaßung mit Aussichtsplattformen und »Hüttenrambazamba«.

Das Ramsauer Berghotel Rehlegg, das sein Vier-Sterne-Superior-Haus klimaneutral und energieeffizient betreibt, spart schon seit Jahren tonnenweise chemische Reinigungsmittel ein und sorgt mit effizienten Mikroorganismen für Sauberkeit und ein gesundes Raumklima. Nun züchtet Hotelier Hannes Lichtmannegger das vom Aussterben bedrohte Schwarze Alpenschwein nach, im Sinne einer artgerechten Tierhaltung und einer qualitativ hochwertigen regionalen Küche. Das passt alles wunderbar zusammen, und Ramsau hat sich die Auszeichnung durch den DAV redlich verdient.

Adresse D-83486 Ramsau | **ÖPNV** RVO-Bus 846 vom Bahnhof Berchtesgaden | **Anfahrt** A 8 Ausfahrt Siegsdorf, über die B 305 über Inzell nach Ramsau | **Tipp** Ein weiterer tierischer Alpenbewohner, der fast ausgestorben war, ist das Alpine Steinschaf. Es wird im Wimbachlehen, am Eingang zur Wimbachklamm, nachgezüchtet (www.steinschaf.de).

53_Der Hochkalter

Kernige Gipfeltour über dem Blaueis

Start für die Hochkalter-Überschreitung ist am Hintersee. Den ersten Kaffee gibt es zwei Stunden später auf der sehr schön gelegenen Blaueishütte. Sie wurde 1958 ganz neu erbaut, nachdem eine Lawine den Vorgängerbau verschüttet hatte und eine alte Wehrmachtshütte vorsätzlich in Brand gesteckt worden war. Sie wird nun schon in der dritten Generation von der Familie Hang aus Ramsau geführt. Hier oben im Kar, auf 1.651 Metern, treffen sich die Kletterer und die Wanderer auf der Sonnenterrasse mit Blick über das Tal und auf den Gletscher. Sogar Murmeltiere leben hier in der kargen felsigen Umgebung.

Dann geht es weiter auf den ersten Gipfel, den Rotpalfen, der auf manchen Karten auch Wasserwandkopf heißt. Dazu muss man in leichter Kletterei eine erste plattige Wand durchsteigen. Über die grüne Scharte oben am Grat, den »Schönen Fleck«, kommt man zu einer unversicherten, aber nicht schwer zu erklimmenden 15 Meter hohen Felswand, die als Schlüsselstelle des Aufstiegs gilt.

Danach wird's leichter. Man wandert auf einem breiten Kamm dahin, doch vor den Gipfel des Hochkalters mit seinen 2.607 Metern hat der Herr noch den Kleinkalter mit 2.513 Metern gesetzt. Vom Grat gibt es dramatische Ausblicke hinunter ins Blaueis, den nördlichsten Gletscher der Alpen, der zwischen Hochkalter und Blaueisspitze sehr steil, mit bis zu 50 Grad Neigung, wie ein Vorhang an der Wand hängt und der Gletscherschmelze in seiner schattigen Scharte trotzt. Endlich am Ziel, wollen die fast 1.800 Höhenmeter des Aufstiegs nun abwärts wieder abgearbeitet werden. Steil und geröllig geht es hinunter ins grüne Klausbachtal und den langen Weg zurück zum Hintersee. Fazit: ein anspruchsvoller alpiner Steig, der eine Menge Ausdauer und auch ein bisschen Leidensfähigkeit verlangt. Aber so eine Tour macht man ja nicht alle Tage. Für geübte Berggeher mit etwas Klettererfahrung absolut empfehlenswert. Pferdesalbe und/oder Fußbalsam nicht vergessen.

Adresse Start: Parkplatz Seeklause, Hinterseer Straße 46, D-83486 Ramsau | **ÖPNV** RVO-Bus 846 vom Bahnhof Berchtesgaden, Haltestelle Holzlagerplatz-Blaueis | **Anfahrt** auf der B 305 / Alpenstraße von Berchtesgaden nach Ramsau, dann auf der Hinterseer Straße bis zum ersten Wanderparkplatz an der Seeklause am Hintersee | **Öffnungszeiten** Mitte Mai – Mitte Okt. | **Tipp** Der traditionsreiche Gasthof Auzinger am Hintersee empfiehlt sich für Kaffee und Kuchen genauso wie für seine bodenständige bayerische Küche. Im 19. Jahrhundert war er Herberge und Zentrum einer berühmten Malerkolonie.

54 Der Watzmann

Über die drei Watzmanngipfel

Der Watzmann ist mit seinen 2.713 Metern ein Riese, der dritthöchste deutsche Gipfel und ein Wahrzeichen Berchtesgadens. 2014 wurde er von den Lesern der Zeitschrift »Bergsteiger« zum schönsten Berg der Welt gewählt. Caspar David Friedrich hat ihn gemalt, obwohl er ihn nie mit eigenen Augen sah. Ein Mythos ist dieser Berg, besungen von Wolfgang Ambros in seinem »Rustical« aus den 1970er Jahren, mit dem er noch heute durch die Lande tourt. Ludwig Ganghofer hat in »Die Martinsklause« die Sage um den grausamen König Waze mit der Ortsgründung von Berchtesgaden versponnen.

Für viele Bergsteiger ist die Durchsteigung der 1.800 Meter hohen Watzmann-Ostwand ein Ziel, das sie sich setzen. Vielleicht gehen sie dann mit Bergführer Heinz Zembsch, dem »Watzmann-König«, der die Ostwand mehr als 400-mal durchstiegen hat. Der Speedrekord liegt bei 2:03 Stunden, die Normalzeit bei etwa 7 Stunden.

Neben dem Großen Watzmann mit seinen drei Hauptgipfeln Hocheck, Mittel- und Südspitze können auch der Kleine Watzmann – auch »Watzmannfrau« genannt – und die fünf »Kinder«, die aus dem Watzmannkar aufragen, bestiegen werden. Im Kar gibt es ein ganzjähriges Schnee- und Eisfeld, das einige Wissenschaftler als Gletscher bezeichnen.

Die Überschreitung der Hauptgipfel ist ein Traum vieler Bergwanderer und startet in der Regel früh am Morgen am Watzmannhaus auf 1.930 Metern. Erstes Ziel ist der goldglänzende Christus am Hocheck (2.651 Meter). Von hier geht's luftig und zum Teil seilversichert weiter auf dem Grat bis zur Mittelspitze, dem höchsten Punkt, und zur Südspitze (2.712 Meter). Klettersteigset und Helm sind anzuraten. Die Ausblicke hinunter in die Ostwand, auf die Eiskapelle und den Königssee sind atemberaubend. Der Abstieg hinunter ins Wimbachgries zieht sich, doch nach acht bis zehn Stunden ist die Wimbachgrieshütte erreicht und die Überschreitung geschafft. Natürlich nur für Geübte.

Adresse Watzmannhaus, D-83486 Ramsau, Tel. +49/8652/964222, www.davplus.de/watzmannhaus | ÖPNV RVO-Bus 846 vom Bahnhof Berchtesgaden, Haltestelle Wimbachbrücke | Anfahrt von Berchtesgaden auf der B 305 Richtung Ramsau bis zum Wanderparkplatz Wimbachbrücke | Öffnungszeiten Ende Mai–Anfang Okt. | Tipp Auf dem Rückweg durchs Wimbachgries sollten Sie im Biergarten des Wimbachschlosses bei Catharina Lichtmanegger einkehren und ihre feinen Käse- und Wildspezialitäten probieren.

55 Der Saalfeldener Höhenweg

Wo das Edelweiß auf dem Gipfel blüht

Was ist eigentlich das Faszinierende an Höhenwegen? Wahrscheinlich die Verheißung, mit einem Aufstieg gleich mehrere Gipfel sammeln zu können, ohne dazwischen ins Tal absteigen zu müssen. Man erklimmt einmal die Höhe und gibt sie nicht mehr her, bis man den letzten Gipfel in der Kette bezwungen hat. Dabei kann so ein Tag natürlich auch ganz schön lang werden.

Der Saalfeldener Höhenweg gehört zu diesen Sammeltouren. Landschaftlich herrlich gelegen über der Saalachebene mit Blick bis zum Zeller See und wegen der Länge und Schwierigkeit der Tour nicht wirklich überlaufen.

Die kernigsten unter den Höhenbezwingern steigen vom Saalfeldener Ortsteil Bachwinkl ganz früh am Morgen auf und packen die 1.700 Höhenmeter im Aufstieg und einige hundert Meter im Abstieg sowie drei Gipfel über 2.300 Metern und einen Klettersteig in einem Rutsch, sprich: in einer Tagesetappe. Andere steigen am ersten Tag nur bis zur Peter-Wiechenthaler-Hütte (1.707 Meter) auf und genießen den Ausblick, das Abendessen und den Sonnenuntergang über den Loferer Steinbergen.

Zeitig am nächsten Morgen geht es über den Wildentalklettersteig zum Persailhorn auf 2.347 Metern, mit einer modernen Marienskulptur auf dem Gipfel. Weiter zum Mitterhorn wird die Tour etwas anspruchsvoller. Durchatmen, ein Gipfelfoto auf 2.506 Metern geschossen, am edelweißgeschmückten Gipfelkreuz. Nach einer kleinen Stärkung geht es auf schmalen Felsbändern und Querungen hinüber zu den »Drei Docken«, der Schlüsselstelle. Zum Umkehren ist es jetzt zu spät, also Augen auf und durch. Denn schon kommt der dritte Gipfel, das 2.504 Meter hohe und jetzt leicht zu erreichende Breithorn, in Sicht. 500 Meter weiter unten lockt schon das Tagesziel: das Riemannhaus, wo ein kühles Weißbier alle Wehwehchen im Nu vergessen lässt.

Adresse Peter-Wiechenthaler-Hütte, Bachwinkl 24, A-5760 Saalfelden, Tel. +43/6582/73489 | **ÖPNV** Bus 260 von Salzburg und Lofer bis Saalfelden-Pabing, dann Citybus 61 nach Bachwinkl | **Anfahrt** über B 311 von Lofer bis Saalfelden-Pabing und Bachwinkl | **Öffnungszeiten** Hütten: Ende Mai – Anfang Okt. | **Tipp** Außergewöhnlich schön liegt das Ingolstädter Haus auf 2.119 Metern im Steinernen Meer. Über Normalrouten ohne Klettersteige für Wanderer erreichbar (www.ingolstaedter-haus.de).

56_Die Eisarena

Mit dem Rennbob-Taxi geht die Post ab

Die erste Naturrodelbahn am Königssee wurde 1959 am Fuß des Grünsteins gebaut. Dort ist es zwar schattig und kalt, wegen der relativ tiefen Lage von 610 bis 700 Höhenmetern konnte es jedoch auch im Winter zu Tauwetter kommen. Ein Nachteil gegenüber anderen Austragungsorten von Rodel- und Bobwettbewerben.

Um weiterhin eine Rolle als Austragungsort für internationale Meisterschaften im Rodel- und Bobsport zu spielen, wurde 1968 an gleicher Stelle eine völlig neue Rodelbahn von 1.587 Metern Länge gebaut. Sie war die weltweit erste Kunsteisbahn und anfangs nur für Rodler geeignet. Später wurde die Bahn so erweitert, dass auch internationale Zweier- und Viererbobwettbewerbe ausgetragen werden konnten. Für alle, die den Unterschied nicht so genau kennen: Die Rodler rasen auf dem Rücken liegend allein oder zu zweit auf ihren Schlitten den Eiskanal hinunter. Die Bobfahrer sitzen zu zweit oder zu viert in ihren stromlinienförmig verkleideten Boliden. Bobs fahren auf vier Kufen, wovon zwei lenkbar sind. Ein Rodel dagegen besteht aus zwei Kufen und einer Liegefläche. Skeletonschlitten sehen aus wie Rennschlitten, auf denen der Athlet auf dem Bauch liegt. Der Skeletonsport zählt jedoch zum Bobsport.

Durch das Kunsteis ergaben sich nicht nur beste Wettbewerbsbedingungen, die die Eisarena am Königssee weltberühmt machten, sondern auch einzigartige Trainingsbedingungen, was sicher einen Beitrag dazu leistete, dass Deutschlands Bobfahrer und Rodler öfter Weltmeister und Olympiasieger wurden als Athleten anderer Nationen.

Wer erfahren möchte, wie es sich anfühlt, in einem Bob durch den Eiskanal zu schießen, der kann mit dem Rennbob-Taxi mitfahren. Es schüttelt und rüttelt mächtig bei dieser ganz besonderen Abfahrt, dafür erlebt man aber ein sehr spezielles Abenteuer, selbst wenn der Taxi-Bob keine 140 Kilometer pro Stunde erreicht wie manche Bobs in Meisterschaftsläufen.

Adresse Eisarena Königssee, An der Seeklause 43–45, D-83471 Schönau am Königssee, www.eisarena-königssee.de | **ÖPNV** RVO-Bus 841 und 842 vom Bahnhof Berchtesgaden, Haltestelle Königssee | **Anfahrt** A 8 Ausfahrt Bad Reichenhall, auf der B 20 über Berchtesgaden nach Schönau am Königssee, Parkplatz Königssee | **Öffnungszeiten** Führungen, außer März, Mai und an Wettkampftagen, Di und Fr um 14.30 Uhr | **Tipp** Unterhalb des Eiskanals befindet sich ein kleiner Strand mit Seezugang. Im »Echostüberl« gleich nebenan gibt es fangfrische Königsseefische.

57 Der Kleine Jenner

Kraxelei für den Bergfex-Nachwuchs

Der Große Jenner über dem Königssee, 1.874 Meter hoch, ist der Berg, auf den jeder raufkommt. Die betagte Seilbahn bringt alle hinauf und bei Bedarf auch wieder hinunter. Ab Winter 2017 wird sie runderneuert, um Besucher noch schneller zum Gipfel mit Königssee- und Watzmann-Ostwand-Blick zu bringen.

Für einen Hauch von Abenteuer sorgt der Kleine Jenner, mit 1.694 Metern der kleine Bruder und Startplatz der Drachenflieger. Auf ihn führt der luftige »Schützensteig«, ein familienfreundlicher Klettersteig mit Flying Fox und einer kurzen Hängebrücke. »Familienfreundlich« heißt nicht, dass es »kinderleicht« ist, sondern dass die Entfernung zwischen Trittfläche und Seil geringer als in normalen Klettersteigen ist. Für Große ist das manchmal ein bisschen unbequem, aber gut für Menschen unter 1,60 Meter, die schon ein bisschen klettererfahren sind. Der Steig ist technisch nicht sehr anspruchsvoll (A/B), aber auch nicht zu unterschätzen. Denn er ist von Anfang an ziemlich ausgesetzt, das heißt, zwischen Kletterer und Abgrund ist außer Luft und einer Handbreit Fels oder einem Eisentritt nicht viel.

Es geht vom Einstieg weg gleich um einen Felsen herum, die Standfläche ist ziemlich schmal, und dahinter geht's steil bergab. Der Flying Fox kann auch umgangen werden, und die Hängebrücke ist ein harmloses »Zuckerl«. Je weiter es hinaufgeht, desto felsiger wird der Steig, alles ist bestens gesichert. Am »Bürgermeisterbankerl«, nicht weit unter dem Gipfel, kann man, eingehängt ins Seil, noch einmal Rast machen und den Blick über Watzmann, Königssee, den Berchtesgadener Talkessel, den Untersberg und die »Schlafende Hexe« im Lattengebirge schweifen lassen. Dann noch der letzte Aufschwung hinauf zum Gipfel, und von da an geht es nur noch bergab. Außer man besucht auch noch den Großen Jenner und gondelt nach einer Stärkung auf der Sonnenterrasse der Bergstation hinab ins Tal.

Adresse Jennerbahn, D-83471 Schönau am Königssee, Tel. +49/8652/95810, www.jennerbahn.de | **ÖPNV** RVO-Bus 841 vom Bahnhof Berchtesgaden, Haltestelle Jennerbahn | **Anfahrt** A 8 Ausfahrt Bad Reichenhall, auf der B 20 über Berchtesgaden nach Schönau, Parkplatz Jennerbahn | **Öffnungszeiten** Klettersteig begehbar von Mai–Okt. | **Tipp** Das Dr.-Hugo-Beck-Haus an der Mittelstation der Jennerbahn ist ganzjährig geöffnet und bietet neben feiner Küche mit Aussicht auch urige Übernachtungsmöglichkeiten (www.dr-hugo-beck-haus.de).

58__Die Romy-Schneider-Ausstellung

Eine Kindheit in den Bergen

Rosemarie Magdalena Albach, besser bekannt unter dem Namen Romy Schneider, ist 1938 in Wien geboren. Ihre Kindheit verbrachte sie aber im Haus »Mariengrund« bei ihren Großeltern in Schönau am Königssee. Sie besuchte hier die Volksschule und wechselte später ins Internat Goldenstein nach Salzburg-Elsbethen.

Hans und Martina Klegraefe, die Berchtesgadener Kinobetreiber in zweiter Generation, haben den Weltstar, wie sie sagen, »nach Hause geholt« und eine Ausstellung über die bis heute verehrte Schauspielerin im Kongresshaus in Berchtesgaden konzipiert. Inzwischen ist daraus eine Dauerausstellung geworden, und sie ist in den alten, unter Denkmalschutz stehenden Bahnhof von Schönau am Königssee umgezogen.

Den alten Schönauer Bahnhof konnten die Salzburger bis 1938 mit der Trambahn anfahren, wenn sie zum Königssee wollten. Heute pilgern dort Tausende von Touristen an Salzlampen-, Dirndl- und Wandershops, Würstelbuden und Softeis-Ständen vorbei zum Schiffsanleger oder schlagen den Malerweg mit dem berühmten Königsseeblick ein.

Große, zum Teil noch handgemalte Kinoplakate, Romy auf Coverbildern der Societyzeitschriften, Standfotos, Autogramme oder ihren Sessel bei Dreharbeiten haben die Klegraefes zusammengetragen. Dazu Erinnerungsstücke an ihre Kindheit und Jugend: den Laufstall, in dem Romy die ersten Schritte machte, oder einen Originaleintrag der Rosemarie Albach in das Poesiealbum einer Klassenkameradin. In Tonaufnahmen wird Romys Leben nacherzählt, das von Schicksalsschlägen gezeichnet war. Und natürlich gibt es einen Filmraum mit Ausschnitten aus ihren größten Erfolgen. Am Ende hat man eine Frau kennengelernt, deren Schönheit und Talent auch heute noch zu berühren vermögen.

Adresse Seestraße 17, D-83471 Schönau am Königssee, www.romy-schneider-ausstellung.de | **ÖPNV** RVO-Bus 841 und 842 vom Bahnhof Berchtesgaden, Haltestelle Königssee | **Anfahrt** A 8 Ausfahrt Bad Reichenhall, auf der B 20 über Berchtesgaden nach Schönau am Königssee, Parkplatz Königssee | **Öffnungszeiten** Mai–Anfang Nov. täglich 10.30–18 Uhr, im Winter eingeschränkte Öffnung | **Tipp** Der gemütliche Biergarten des Gasthauses im alten Jugendstil-Bahnhof, fünf Minuten vom Königssee, lockt mit traditioneller bayerischer Küche.

59 Die Teufelshörner

Dem Teufel auf die Hörner gestiegen

Von der Tauernautobahn oder vom Halsköpfl aus gesehen, versteht man sofort, warum dieser Doppelberg seinen Namen erhalten hat: Großes und Kleines Teufelshorn. Von Berchtesgaden aus unsichtbar, tauchen sie erst am südlichen Ende des Königssees auf. Was aus der Ferne unbezwingbar erscheint, kann von jedem erfahrenen Bergwanderer in Angriff genommen werden. Wegen der Weite der Tour empfiehlt sich eine Übernachtung auf der idyllischen Wasseralm bei Monika und Horst Schellmoser, den vielen Murmeltieren rund um die Hütte und dem Rotwild, das nachts bis auf wenige Meter herankommt. Leuchtet man abends mit der Stirnlampe ins Dunkel, so wird der Lichtschein von Dutzenden Augenpaaren reflektiert.

Doch der Reihe nach: Sie steigen in Salet aus dem Schiff und wandern zusammen mit Pulks von deutschen, holländischen und chinesischen Touristen gemütlich weiter zum Obersee, in dem sich die Berge rundherum spiegeln. Vorbei an der unwirklich grünen Fischunkelalm und dem Pfad zum Wasserfall folgend, lässt man die Massen zurück. Der Pfad führt steil hinauf in die Röth. In 1,5 bis zwei Stunden ist man oben auf dem Plateau der Wasseralm.

Danach muss man sich entscheiden, welches Teufelshorn es sein soll, denn die Gipfelwege trennen sich. Auf dem Weg zum Großen kommt man an den Ruinen von Görings Jagdhaus vorbei, der Steinböcke zur Jagd aussetzen ließ. Ein paar hundert Meter unterm Gipfel geht es rechter Hand hinunter ins Teufelsnieder. Eine Überschreitung hinüber zum Kleinen Teufelshorn bleibt geübten Ortskundigen mit Kletterkenntnissen überlassen.

Vom Gipfel des Großen Teufelshorns – mit 2.363 Metern der höchste Gipfel des Hagengebirges – geht der Blick hinüber zum Hochkönig mit der »Übergossenen Alm«, dem schmelzenden Gletscher des 3.000ers, und nach Norden hinunter zu Obersee und Königssee und zum Watzmann. Ein wunderbar abgelegenes Gipfelglück.

Adresse Wasseralm, D-83471 Schönau am Königssee, Tel. +49/8652/6091160 | **ÖPNV** RVO-Bus 841, Haltestelle Königssee, von dort mit dem Schiff nach Salet | **Anfahrt** A 8, Ausfahrt Bad Reichenhall, auf der B 20 über Berchtesgaden nach Schönau | **Öffnungszeiten** Mai – Okt. | **Tipp** Die bewirtschaftete Wasseralm ist ein wichtiger Stützpunkt auf der »Großen Reibn«, einer Mehrtagestour rund um den Königssee, die im Winter auf Skiern, im Sommer in Wanderschuhen unternommen wird.

60 Die Paul-Außerleitner-Schanze

Fliegen wie ein Adler

145 Meter ist der inoffizielle Rekord auf dieser Naturschanze, der größten der Vierschanzentournee. Sie wurde 1941 erbaut und bietet Platz für 25.000 Zuschauer. Benannt wurde sie später nach dem erfolgreichen Bischofshofer Skispringer Paul Außerleitner, der sich 1952 beim Training für das Dreikönigsspringen so schwer verletzte, dass er wenige Tage später an den Folgen seines Sturzes starb.

Es muss ein idealer Tag sein für einen richtig weiten Sprung. Anlauf, Thermik, alles muss passen. Und dann sausen sie herunter auf ihren 2,40 Meter langen Brettern. Dünne, fast schmächtig wirkende Athleten springen bei hohem Tempo über die Kante, die »Schanzentisch« heißt, und sausen durch die Luft, die Skispitzen zum V gespreizt, die Hände wie Flügel ausgebreitet. Ein Surren wie von einem Segelflieger geht durch die Luft. Weit hinunter werden sie getragen: 120, 130 und die Besten über 140 Meter im freien Flug. Dann die elegante Landung auf der grünen Matte, ein Knie gebeugt, der Oberkörper aufrecht, die Arme als Steuer eingesetzt. Im Auslauf eine Pflugbremse oder eine Hocke mit Gewichtsverlagerung nach hinten. Das geht auf die Oberschenkel.

Mit sechs Jahren beginnt das Training auf der kürzeren Kinder- und Jugendschanze. Aber als Teenies träumen alle wilden Jungs und Mädchen davon, auf die richtige, die große Schanze wechseln zu dürfen. Angst kennen sie da schon lange nicht mehr, und die Technik beherrschen sie im Schlaf. Im Astronauten-Look werden sie mit ihren langen Latten in den offenen Wagen einer Standseilbahn den Berg hinauftransportiert. Und dann hinein in die Spur, die rasant nach unten führt. In Bischofshofen kann man das Glück haben, am Sonntagvormittag beim Training einheimischer wie internationaler Sportlergruppen zuzuschauen und sogar die weltbesten Springer wie Adler fliegen zu sehen. Ein beeindruckendes Erlebnis.

Adresse Rosenthal, A-5500 Bischofshofen, Tel. +43/6462/2471 | Anfahrt A 10, Ausfahrt Werfen, auf der Alten Bundesstraße nach Bischofshofen, dann über die Alte Postgasse ins Rosenthal | Öffnungszeiten immer geöffnet | Tipp Wer vom Treppensteigen noch nicht genug hat, kann in wenigen Minuten von der Schanze zum Gainfeldwasserfall spazieren, dessen 50 Höhenmeter man auf 355 Stufen einer Steiganlage bis zur Burgruine Bachsfall überwinden kann.

61_Der Gerzkopf

Gipfelglocke über der Schwarzen Lacke

Der Gerzkopf, ein 1.728 Meter hoher Berg in den Fritztaler Alpen, die man zu den Salzburger Schieferalpen zählt, ist ein relativ einsamer grüner Berg, bis hinauf zum Gipfel mit Latschen bewachsen und mit einer phantastischen Fernsicht. Zwei Holzfernrohre auf dem Weg sind auf die Bischofsmütze am Gosaukamm gerichtet, daneben ragt weiter östlich das Dachsteinmassiv auf.

Man steigt durch lichten Nadelwald auf, und überall knackt es im Unterholz. »Welche Großtiere beherbergt dieses Naturschutzgebiet?«, fragt man sich bang. Dann hört man Glockengebimmel, was Luchs, Bär und Wolf schon mal ausscheiden lässt. Schafe kommen aus dem Dickicht auf den Weg und beäugen kritisch die Wanderer, die erst einmal erleichtert aufatmen.

Je weiter man aufsteigt, desto mooriger wird der Boden. Heidekraut, Heidelbeeren, das sind die Zeigerpflanzen für Hochmoor und sumpfige Böden. Hier und da die ersten kleinen Lacken. Vorbei an der Schäferhütte auf dem Weg in Richtung Gipfel erreicht man eine Moorfläche mit der großen »Schwarzen Lacke«, schilfbestanden, mit moorigem dunklen Wasser. Zum Glück ist die Hochmoor-Tarantel, die es hier geben soll, ziemlich scheu und selten, sodass die wenigsten Wanderer ihr begegnen werden.

Der Gipfelaufbau wird dann doch noch felsig. Durch Latschen hindurch erreicht man das Gipfelplateau und bestaunt das originelle Trio, das hier aufgebaut ist: ein grob gezimmerter Holztisch, ein schlichtes Gipfelkreuz und eine große Glocke in ihrer hölzernen Aufhängung. Sie dient dazu, die bis zu 400 Schafe zusammenzurufen, die sich am Gerzkopf bis hinauf zum Gipfel tummeln und vom Schäfer oder der Schäferin gehütet werden. Nach dem Rupertitag am 24. September, wenn die Schafe ins Tal zurückwandern, wird es am Gerzkopf wieder ruhig. Wenn es dann im Unterholz knackt, können Sie davon ausgehen, dass es sich nicht um einen Wiederkäuer handelt.

Adresse Schattbachwinkel, A-5531 Eben im Pongau | **ÖPNV** Postbus Eben-Filzmoos, Haltestelle Schattaugut | **Anfahrt** A 10, Ausfahrt Eben, kurz auf die B 99, dann Filzmooserstraße, Schattbach- und Gerzkopfstraße bis Schattbachwinkel | **Öffnungszeiten** ganzjährig geöffnet | **Tipp** Das Gnadenbild in der Pfarrkirche Filzmoos, das Filzmooser Kindl, ist ein »Glockenkindl« aus dem 15. Jahrhundert. In der rechten, segnenden Hand hält das Jesuskind ein Glöckchen, in der linken eine Weltkugel.

62 Der Rittersaal

Von Rittern, guten Jüdinnen und Heiden

Das Hochtal von Goldegg ist an sich schon sehenswert. Umgeben von Bergen, in der Mitte der Goldegger Moorsee, an seiner Nordseite Kirche, Friedhof und Schloss – das ganze Ensemble hat eine wohltuende, entschleunigende Wirkung auf den Besucher. Früher lag Goldegg strategisch günstig an der Verbindungsstrecke zwischen dem Pinzgau und dem Pongau. Damals, im 14. Jahrhundert, wurde die Burg errichtet und 200 Jahre später zum Schloss umgebaut. Nach der Verlegung der Verkehrstrasse ins Tal verfiel Goldegg in einen Dornröschenschlaf. Heute scheint es wieder quicklebendig, ein Ort der Erholung, der Kunst und der Kultur und Hort eines Schatzes: Im Inneren des Schlosses befindet sich eine sehenswerte heimatkundliche Sammlung.

Die eigentliche Schatzkammer ist der Rittersaal im zweiten Stock des Gebäudes. Er ist mit einer Kassettenverkleidung der Decke und Wände ausgestattet, die ohne einen einzigen Nagel befestigt wurde und über und über bemalt ist. Wir wissen sogar, von wem. »DEN SAL HAT HERR CHRISTOF GRAF MACHEN UND MALEN LASSN ANNO 1536«. Die vorherrschenden Farbtöne sind Grün und Braun. Die Decke zieren die Wappen der Stände des Heiligen Römischen Reiches Deutscher Nation. Die Wände zeigen Szenen aus der Bibel. David mit der Schleuder ist hier zu sehen, dessen faustgroßer Stein bereits fast die Stirn des Riesen Goliath erreicht hat, nur der Riese scheint es noch nicht bemerkt zu haben. Christophorus, Namenspatron des Christof Graf von Schernberg, watet durch die Fluten. Auf dem Bild »Anbetung der Könige in Goldegg« sind im Hintergrund der See, darüber das weiße Schloss, die Kirche und einige Häuser am Ufer zu sehen. Dieses Bild, dessen Eigentumsverhältnisse noch nicht ganz geklärt sind, ist zugleich die älteste Darstellung von Goldegg. Man kann nur hoffen, dass es hier in der Schatzkammer des Goldegger Schlosses bleiben darf. Denn man hat den Eindruck, hier gehört es hin.

Adresse Hofmark 1, A-5622 Goldegg, Tel. +43/6415/82340, www.museum-goldegg.at | ÖPNV Bahn bis Schwarzach-St. Veit, dann mit dem Sonnenterrassen-Bus nach Goldegg | Anfahrt A 10, Ausfahrt Bischofshofen, auf der B 311 bis Schwarzach, der Beschilderung nach Goldegg folgen | Öffnungszeiten Mo–Sa 10–12 und 15–17 Uhr, So nur nachmittags, Mi geschlossen; 16. Sept.–14. Juni Do ab 14 Uhr zu einer Führung geöffnet | Tipp Im Sommer lädt das Strandbad am romantischen Goldegger Moorsee zu einem Besuch. Im Winter kann man den See in einer Höhenloipe auf Skiern umrunden.

63 Der Mandlingpass

Grenzbefestigung zwischen Steiermark und Salzburg

Heute sind nur ein in den Fels gehauener Tunnel sowie ein paar Mauern und Tore übrig, und die Grenze, die sich hier befand, hat ihre Bedeutung verloren. Sie verbindet die zwei Bundesländer Salzburg und Steiermark. Vom Mittelalter bis zum Beginn des 19. Jahrhunderts jedoch trennte der Mandlingpass zwei Länder: das unabhängige Fürsterzbistum Salzburg, einen klerikalen Staat, und die Habsburger Donaumonarchie, zu der die Steiermark gehörte. Der Grenzverlauf hier im oberen Ennstal war umstritten und immer wieder umkämpft. Der Habsburger Herzog Albrecht befestigte 1287 die Grenze, zwei Jahre später wurde sie durch das Fürsterzbistum Salzburg wieder zerstört. 1295 ließ der Salzburger Fürsterzbischof Konrad IV. die Grenze am Mandlingpass zur Talsperre ausbauen, und im Dreißigjährigen Krieg wurden die Befestigungen noch einmal verstärkt. Nach der Aufgabe der staatlichen Selbstständigkeit Salzburgs 1816 verlor die Landesgrenze ihren Sinn. Die Wehrmauern verfielen, und das Mauerwerk aus Bruchsteinen wurde für den Straßen- und den Bahnbau recycled. Erst in unserem Jahrhundert hat man für die Instandhaltung der verbliebenen Befestigungsanlagen das Mauerwerk wieder freigelegt, Gewölbe, die einsturzgefährdet waren, wiederhergestellt und Mauerlöcher gestopft.

Die Wehrmauer am Mandlingpass erstreckt sich heute als Mauerzug mit einigen Winkeln den Steilhang über die Passstraße hinauf. Im Tal führt eine etwa 1,80 Meter hohe Mauer mit dahinter angeschüttetem Wall bis ans Ufer der Enns hinunter. Der spitz abgewinkelte Mauerteil bildet dabei den Rest einer früheren Bastion. Von anderen Mauerteilen sind nur mehr Fragmente erhalten. Wichtige Gebäude wie das Mauthaus, die Unterkunft der Grenzwachmannschaft sowie der anschließende Torbau mussten den modernen Verkehrswegen weichen. Reste der alten Wehranlage findet man sowohl unter- als auch oberhalb der heutigen Straßentrasse. Streitigkeiten, Grenzkontrollen, Wartezeiten sind an dieser Grenze definitiv vorbei.

Adresse Mandlingpass, A-8974 Mandling | **Anfahrt** A 10, Ausfahrt Eben, auf der B 320 bis Mandling | **Tipp** Auch der Gasthof »Taferne« auf der steirischen Seite von Mandling kann auf viele hundert Jahre des Bestehens zurückblicken. Für Radwanderer auf dem Ennsradweg ist er ein beliebter Zwischenstopp.

64__Die Steiner 1888 Wollwelt

Vom Bergschaf bis zur Kaschmirziege

Hätten Sie gewusst, woher »Alles über einen Kamm scheren« kommt? Aus der Wollverarbeitung. Nach der Schur wird die Wolle durch Kämme verschiedener Stärke gezogen, um grobe und feine Wolle zu trennen. Wer also alles über einen Kamm schert, unterscheidet nicht, sondern behandelt alles gleich. Das passiert in dem über 120 Jahre alten Traditionsbetrieb Steiner 1888 in Mandling nicht. Jede Wollsorte – Berg- und Merinoschaf, Alpaka, Angora oder Kaschmir – wird separat aufbereitet und gefärbt oder in bestimmten Mischungen kombiniert. Für Babys gibt es mehr Merino, für den »Schladminger Rock« – eine Herrenjacke fürs ganze Leben, die circa 4,5 Kilo wiegt – darf es mehr vom Bergschaf sein.

Bei Steiner 1888 wird die Rohwolle in etwa 40 Arbeitsschritten sortiert, gefärbt, auf riesigen Walzen zu einem Wollvlies verarbeitet, zu Garn versponnen und gewebt. Und zwar nicht in einer Spinnstube und an hölzernen Webstühlen, sondern an großen Maschinen, die allerdings immer noch die geschickten Hände der Mitarbeiter benötigen. Sie haben stets ein prüfendes Auge auf die Stoffe, denn nur perfekte Produkte dürfen das Haus Steiner 1888 verlassen, um in der eigenen Kollektion oder von internationalen Modeschöpfern wie Jil Sander und Karl Lagerfeld verarbeitet zu werden.

Kernstück des Betriebs ist die originale Steiner Hammerwalke von 1888, in der die Wolle zum ganz speziellen »Perlloden« oder »Schladminger Loden« gewalkt wird. Die Decken, Kissen und Accessoires, die hier entstehen, sind 100-prozentige Naturprodukte von hoher handwerklicher Güte, bei 30 Grad maschinenwaschbar und in vielen wunderbaren Farben erhältlich. Keine Billigproduktion, das ist klar, sondern Stücke fürs Leben von einer Qualität, die man sieht und spürt. Alles in allem eine gelungene, edle Kombination aus Tradition und modernem Design. Und das ist wohl auch das Erfolgsgeheimnis dieses Familienbetriebs. Franz Steiner hat 1909 die Dachstein-Südwand als Erster durchstiegen – in einer Steiner-Walkhose.

Adresse Mandling 90, A-8974 Mandling, www.wollwelt.at | Anfahrt A 10, Ausfahrt Eben, auf der B 320 bis Mandling | Öffnungszeiten Mo – Fr 8.30 – 18 Uhr, Sa 9 – 12 Uhr | Tipp In Schladming können Sie die 1909 als »Erste Alpenländische Volksbrauerei« gegründete Brauerei besuchen, die einige Biere in Bioqualität im Sortiment hat, speziell die »Schladminger Schnee Weiße«. Besichtigungen in den Sommermonaten jeweils freitags möglich (www.schladmingerbier.at).

65__Die Lichtsäule

Ewiges Licht im Turm

Radstadt, einst strategisch günstig an einer wichtigen Römerstraße über die Alpen nach Salzburg gelegen, hat auch den Beinamen »alte Stadt im Gebirge«. Mit einem Stadtrecht seit 1289 ist Radstadt tatsächlich alt – und mit kaum 5.000 Einwohnern dazu ziemlich klein. Infolge einer Serie von Feuersbrünsten verfügt die gebeutelte Stadt nur mehr über wenig historische Bausubstanz. Stehen gebliebenen sind Teile der Stadtmauer, deren Türme nach den Bauernkriegen 1525 und 1526 errichtet wurden. Heute sind davon noch der Hexen-, der Teich- und der Kapuzinerturm erhalten sowie ein Teil des Stadtgrabens.

Das älteste spätgotische Bauwerk in Radstadt ist zugleich ein echtes Kuriosum: die Lichtsäule, auch »Schusterturm« genannt, nach einem Radstädter Schusterehepaar. Der Turm steht auf dem Friedhof der Pfarrkirche Maria Himmelfahrt und gibt Zeugnis einer vergessenen Zeit und innigen Volksfrömmigkeit. Er stammt aus dem Jahr 1513. Früher brannte im Inneren des Turms das »ewige Licht«, das Schutz vor Kriegen, Unwettern, Krankheiten und Seuchen wie der Pest gewähren sollte. Der Radstädter Schusterturm ist jedoch keine Pestsäule. Die Inschrift nennt das Jahr seiner Stiftung, den Stifter und die Art der Finanzierung des frommen Gebäudes. Es steht geschrieben, die Säule sei »gestift auf Wolfgang Hilprant haws untter der stadt«. Das bedeutet, dass die Stifter dem Hausbesitzer Geld geliehen haben, von dessen Zinsen die Kosten für das »ewige Licht« im Turm bezahlt werden sollten. Das Haus wurde dabei als Sicherheit eingebracht. Ob das Licht nun allen auf dem Friedhof ruhenden Toten oder einer bestimmten Familie, zum Beispiel der des Stifters, oder dem Stifter selbst leuchten sollte, wissen wir nicht.

Lichtsäulen waren früher im Alpenraum weit verbreitet. Heute gibt es sie nur mehr in ganz wenigen österreichischen Gemeinden. Die in Radstadt ist besonders prächtig und gut erhalten.

Adresse Friedhof Maria Himmelfahrt, An der Schießstatt, A-5550 Radstadt | **Anfahrt** A 10, Ausfahrt Eben, auf der B 320 bis Radstadt, dann auf die Nagelschmiedstraße bis Schießstatt | **Öffnungszeiten** ganzjährig geöffnet | **Tipp** Für alle »Urban-Knitting«-Fans bietet der Radstädter Stadtplatz mit der »Wollkugel«, einer Skulptur aus bunt bestrickten PET-Flaschen, eine witzige Sehenswürdigkeit.

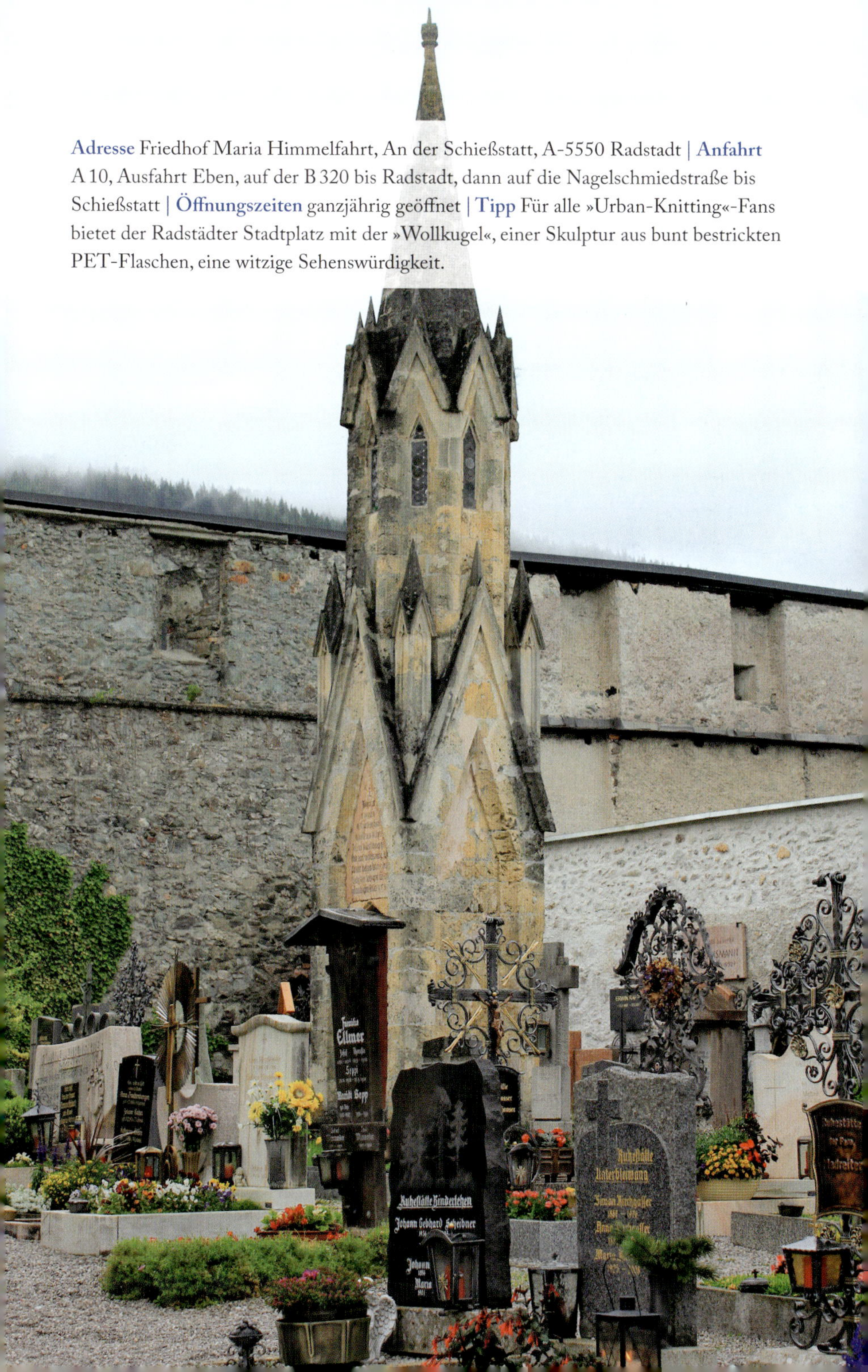

66_Der Radgarten

Kuriositäten, die fahren können

Der Name der kleinen Stadt im Pongau kommt wahrscheinlich nicht von Rad, sondern von Rast. Sie war wohl Rastplatz für die Fuhrleute, die auf den Römerwegen von Salzburg, dem römischen Juvavum, nach Aquileia ans Mittelmeer in der heutigen Provinz Udine reisten. Wenn man das Rad aber schon im Namen führt und am schönen und viel befahrenen Ennsradweg liegt, dann kann man auch einen Radgarten einrichten. Zu sehen sind dort die skurrilen Werke eines selbst ernannten »Velo-Designers« aus Storkow in Brandenburg. Ein »Piefke« also, der mit 17 von ihm gebauten Fahrradkuriositäten im Guinnessbuch der Rekorde stand. Zehn seiner Werke kann man in Radstadt bestaunen, am Stadtplatz wie im wenige Gehminuten entfernten Radgarten an der Stadtmauer.

Didi Senft heißt der Künstler. »El Diablo« nennt er sich selbst. Man sieht ihn seit vielen Jahren im Teufelskostüm auf der Tour de France herumspringen und die Fahrer wenige Kilometer vor dem Ziel auf überdimensionalen Fahrradkonstruktionen anfeuern, gern auch mit dem Dreizack in der Hand. Ein verrückter Bastler oder ein bastelnder Verrückter? Egal. Das Fahrräderbauen ist wohl sein Leben, und weil er bald in Rente geht, von den erwarteten Altersbezügen aber nach eigenen Angaben nicht leben kann, wird er wohl weiter Rekordräder entwerfen.

Senfts »längstes Fahrrad der Welt« von 1999, das im Radstädter Radpark steht, wurde inzwischen zwar von einem noch längeren übertroffen, aber so ist das eben mit Rekorden. Ob auch die größte Hochzeitsrikscha oder der Eiffelturm auf Rädern überboten wurde, ist unbekannt. Wie riesige Insekten stehen die Fahrradkonstruktionen in ihrem kleinen Garten, silbrig schimmernd im Nachmittagslicht. Schade, dass sie sich nicht selbstständig drehen und bewegen wie die Skulpturen eines Tinguely. So stehen sie wie Pferde auf ihrer Koppel und warten sehnsüchtig auf El Diablo und den nächsten Ausritt.

Adresse an der Stadtmauer, A-5550 Radstadt | **Anfahrt** A 10, Ausfahrt Eben, auf der B 320 bis Radstadt, dann über Nagelschmiedstraße, Fischerbühel und Karl-Berg-Gasse bis zum Stadtplatz | **Öffnungszeiten** ganzjährig geöffnet | **Tipp** Radstadt liegt im Zentrum eines der größten Skigebiete Österreichs, dem »Ski amadé« mit 760 Pistenkilometern und 270 Liften. 150 Kilometer Langlaufloipen, eine Rodelbahn, ein Eislaufplatz und die Therme Amadé machen das Winterprogramm komplett.

67__Der Roßbrand

Mit 60 Sachen ins Gebirge

Der Roßbrand mit seinen 1.768 Metern Seehöhe ist der Hausberg von Radstadt. Und er ist einer der schönsten Aussichtsberge in den Ostalpen. Von seinem Gipfel haben Wanderer ein 360-Grad-Panorama auf ungefähr 150 Alpengipfel ringsum. Und das Allerschönste: Zu den »Wanderern« kann man hier auch ganz großzügig die Mountainbiker, die motorisierten Biker und sogar die Autofahrer zählen. Denn während die »echten« Wandersburschen und -mädel drei Stunden aufgestiegen sind bis zum Roßbrand-Gipfel, erreichen die anderen nach zwölf Kilometern schweißtreibender Radfahrt oder auch ganz ohne einen Tropfen Schweiß mit Hilfe von 50, 100 oder mehr Pferdestärken den höchsten Punkt. Und das Ganze mautfrei. Nur vom Parkplatz müssen auch die Motorisierten noch etwa zehn Minuten zum Gipfel hinaufsteigen, doch das dürfte sich machen lassen. Die Panoramasicht von oben bietet für alle ohne Unterschied: Berge, Berge, Berge. Vom Dachstein im Norden über das Tennengebirge und das Berchtesgadener Hagengebirge bis zum Großglockner-Alpenriesen und zu den Radstädter und Schladminger Tauern so viele Bergspitzen, wie Auge und Herz begehren. Einige Schautafeln auf dem Weg zum Gipfelkreuz erzählen Wissenswertes über die Entstehung der Gebirgslandschaft. Für das leibliche Wohl wird in der Radstädter Hütte gekocht und gebraten. Dort können Sie wählen zwischen regionaler herzhafter Küche wie den Pongauer Fleischkrapfen und den »Bladln«, eine Art gefüllte Teigtaschen, und den klassisch feinen hausgemachten Mehlspeisen.

Der Radstädter Wanderbus verkehrt im Sommer an zwei Tagen dreimal täglich auf den Roßbrand. Im Winter erreichen Sie den Roßbrand von Filzmoos aus mit der Papagenobahn, einer Kabinenbahn. Von der Bergstation auf 1.600 Metern Höhe sind etwa 15 Kilometer Winterwanderwege und Loipen erschlossen, die bis weit ins Frühjahr hinein befahren werden können.

Adresse Roßbrandstraße, A-5550 Radstadt | **ÖPNV** Radstädter Wanderbus, dreimal täglich jeweils Mo und Do | **Anfahrt** A 10, Ausfahrt Eben, auf der B 320 bis Radstadt, dann auf die Nagelschmied-, Schloß- und Roßbrandstraße | **Tipp** Wenn Sie nicht so hoch hinauswollen, biegen Sie doch von der Schloßstraße gleich ab auf die Bürgerbergstraße und wandern Sie gemütlich auf die urige Bürgerbergalm mit Spielplatz für die Kids (www.buergerbergalm.at).

68 Das Almdorf Sankt Johann

Chalets mit Charme und Komfort

Das Almdorf Sankt Johann besteht aus elf Chalets, die zum Großteil komplett aus Altholz gebaut wurden. Sie sind an zwei Dorfsträßchen aufgereiht, mit eigener Kapelle und Badesee, wunderbar über dem Salzachtal gelegen, mit Blick auf Sankt Johann und im Winter mit Anschluss an das Skigebiet »amadé«, doch ohne das große Après-Ski-Halligalli. Denn eines gelingt hier im Almdorf zu jeder Jahreszeit: das Abschalten, Runterkommen und Entschleunigen.

Wenn man sein Chalet betritt, hat man sofort den feinen Holzgeruch in der Nase, der einen überallhin begleitet und nachts sanft in den Schlaf hinübergleiten lässt. Die Böden laden zum Barfußgehen ein, die liebevolle, funktionale Einrichtung erfreut das Auge und macht den Aufenthalt zum Fest. Hüttenfeeling pur, dazu jeder erdenkliche Komfort, der Herz und Seele erwärmt. Ein offener Kamin mit einem Korb voll Brennholz gehört dazu, ein Badezimmer in Holz und Naturstein, eine private Sauna mit wählbarem Aufguss und als Highlight der private Whirlpool, den man über Balkon oder Terrasse erreicht. Kann man den Abend schöner ausklingen lassen?

Am Morgen geht es weiter mit den Superlativen: Das Frühstück wird, wenn man am Vorabend vorbestellt, von der hübschesten Dirndlträgerin des ganzen Pongaus höchstpersönlich serviert und lässt keine Wünsche offen. Sogar auf den perfekten Frühstückseiern lächeln zwei Smileys unter der Zipfelhaube.

Gerhard und Conny Unterkofler, den beiden Almdorf-Häuptlingen, ist etwas ganz Besonderes gelungen: Man fühlt sich als Gast auf dezente, unaufdringliche Weise umsorgt und weiß, die beiden werden alles tun, damit man sich wohlfühlt. Man kann in den Chalets perfekt selbst kochen oder sich das Essen ins Haus bringen lassen. Für jeden Gast gibt es einen privaten Liegestuhl am Badesee, und für Schlechtwettertage steht immer noch der Fitnessraum zur Verfügung. Oder die Sauna. Oder der Whirlpool.

Adresse Alpendorf 21, A-5600 Sankt Johann im Pongau, Tel. +43/6412/212111, www.almdorf-sanktjohann.at | Anfahrt A 10, Ausfahrt Bischofshofen, auf der B 311 bis Sankt Johann, dann auf die Alpendorfstraße | Tipp Über dem Alpendorf Sankt Johann gibt es auf 1.700 Metern Höhe einen alpinen Erlebnispark für Kinder, den »Geisterberg« auf dem Gernkogel. Er ist per Seilbahn ohne Mühe erreichbar.

69 Die Annakapelle

Opfer von Flugerde, Brand und Gemüsehändlern

Sie steht ein wenig im Schatten des mächtigen zweitürmigen »Pongauer Doms«, der Pfarrkirche der Heiligen Johannes der Täufer und Johannes der Evangelist, die schon von Weitem das Ortsbild von Sankt Johann bestimmt. Die vergleichsweise kleine Annakapelle ist jedoch viel älter als der heutige »Dom«, der in Wahrheit nie Bischofssitz war, nach dem Stadtbrand von 1855 aber sehr groß wiederaufgebaut wurde. Die Annakapelle ist das älteste Bauwerk von Sankt Johann. Sie ist in ihrer Urform im 9. Jahrhundert erbaut worden, und erst später wurde sie zweistöckig, eine echte Besonderheit, die es bei Kapellen sehr selten gibt. Die Aufstockung wurde notwendig, weil die Unterkirche von »Flugerde«, die man sich so ähnlich wie Flugsand in der Wüste vorstellen muss, immer mehr verschüttet wurde. Weshalb man sich entschloss, ein zweites Stockwerk draufzusetzen. So hat die Annakapelle heute eine Unter- und eine Oberkirche.

Im 14. Jahrhundert wurde die Kapelle gotisch umgestaltet. Ein Altarstein ist für 1301 dokumentiert. Ihre nächste Prüfung erfuhr die Annakapelle 1855, als ein verheerender Brand Sankt Johann verwüstete. Die Pfarrkirche brannte komplett nieder, nur die Annakapelle überlebte die Katastrophe, wenn auch ihr hölzerner Altar ein Raub der Flammen wurde.

In den 50er Jahren des letzten Jahrhunderts drohte noch eine ganz andere Gefahr: Neben der Kapelle stand ein Verkaufskiosk, der das Untergeschoss der Kirche ganz praktisch als Gemüsekeller und Lagerraum nutzte. Erst in den 90er Jahren wurde die Unterkirche von weltlichen Dingen entrümpelt, vollständig saniert und ein neuer Abgang gebaut.

Die Sanierung erfolgte ökumenisch, von beiden Konfessionen zu gleichen Anteilen, und beide Kirchen nutzen die zweistöckige gotische Kapelle, die der Bergbauheiligen Anna geweiht ist, bis heute als Gotteshaus, die Unterkirche als Raum für Ausstellungen.

Adresse Leo-Neumayer-Straße, A-5600 Sankt Johann im Pongau | **Anfahrt** A 10, Ausfahrt Bischofshofen, auf der B 311 bis Sankt Johann, dann auf der B 163 Richtung Ortszentrum | **Öffnungszeiten** April – Sept. 8 – 20 Uhr | **Tipp** Nur wenige Kilometer von Sankt Johann entfernt liegt die mit Wegen erschlossene Liechtensteinklamm, eine der längsten und tiefsten Schluchten der Alpen (www.liechtensteinklamm.at).

70 Das Schaubergwerk Sunnpau

Der junge Bergmann

Der Weg vom Parkplatz bis zum Bergwerk Sunnpau ist kurz, und trotzdem führt er uns weit weg von Hightech und den modernen Zeiten. Fast 4.000 Jahre alt sind hier die ältesten Spuren des Kupferbergbaus, erklärt uns Hans-Werner Pelzmann, unser freundlicher, sachkundiger Begleiter durch die Stollen. Älter als so manche ägyptische Pyramide. Dann läutet Pelzmann die Hauerglocke und rät uns nach einem bergmännischen »Glück auf!«, die Köpfe einzuziehen, denn am Eingang ist der Stollen nicht mehr als 1,50 Meter hoch. Eine Stunde dauert die Führung, von mehrsprachigem Massenbetrieb und Audioguides keine Spur. Heute haben wir unseren Führer sogar ganz für uns allein. »Mehr als zehn Personen sind es eigentlich so gut wie nie«, sagt Pelzmann.

Er berichtet anschaulich von den verschiedenen Arbeitsmethoden in den von der Frühgeschichte bis ins 19. Jahrhundert reichenden Epochen, in denen hier gearbeitet wurde. Von der ganz frühen Befeuerung über das Schießen mit Schwarzpulver bis zum Sprengen mit Dynamit. Am spannendsten sind die Geschichten von den Funden, die Pelzmann und seine Kollegen hier machten. Eine besonders schöne Lampe in Form eines Männerkopfes mit drei Dochten, die aus seinem Bart herauswachsen, stammt aus der Römerzeit. Sie ist heute im Seelackenmuseum in Sankt Veit ausgestellt. Beeindruckend sind auch die gefundenen Knochenreste eines vor 3.000 Jahren bestatteten etwa 20-jährigen Mannes. Auf seine letzte Reise wurden ihm Getreide, eine Speerspitze und ein Fuchs zur Seite gestellt, über dessen Bedeutung man rätseln könnte. Wegzehrung? Pfadfinder? Gern würde man den Jüngling fragen, wie das Leben so war zu seiner Zeit, wen und was er liebte und wie die Lieder klangen, die gesungen wurden nach der Arbeit unter Tage. So bietet dieser Ort einen ganz unmittelbaren Blick zurück in die Geschichte der Alpenvölker.

Adresse Stein 30–32, A-5621 Sankt Veit im Pongau, www.schaubergwerk-sunnpau.at | **ÖPNV** Bus 580 vom Marktplatz Sankt Veit bis Sankt Veit im Pongau-Urpaß Brenner, von dort 45 Minuten zu Fuß zum Bergwerk | **Anfahrt** A 10, Ausfahrt Bischofshofen, auf der B 311 bis kurz vor Schwarzach, rechts nach Sankt Veit-Nord, dann über Stöcklfeld und Pichl-Dorf auf die Straße »Stein«, beim Brennerwirt rechts abbiegen | **Öffnungszeiten** 1. Mai–31. Mai Mi, So und Feiertage 10–16 Uhr, 1. Juni–30. Sept. Mi, Do, So und Feiertage 10–16 Uhr, letzte Führung um 15 Uhr | **Tipp** Zum Baden im Sommer bietet sich das naturnahe Alpenschwimmbad St. Veit mit einem beheizten und einem Naturschwimmbecken an.

71 Der Thomas-Bernhard-Weg

Der Dichter und Sankt Veit – eine Hassliebe

Thomas Bernhard, einer der ganz großen Grantler der österreichischen Literatur, hat sich gern geringschätzig über Orte ausgelassen. Wien war ihm »eine einzige stumpfsinnige Niederträchtigkeit«, Salzburg »eine perfide Fassade, auf welche die Welt ununterbrochen ihre Verlogenheit malt«. Mit der Gemeinde Sankt Veit im Pongau verband ihn eine wahre Hassliebe. Von 1949 bis 1951 war der junge Bernhard aufgrund einer lebensbedrohlichen Lungenerkrankung Insasse der Lungenheilstätte Grafenhof in Sankt Veit. Im Roman »Die Kälte – Eine Isolation« hat er diese Zeit verarbeitet. Darin schreibt er über das Heukareck: »... der bedrohliche Berg, der vier Monate lang ununterbrochen seinen kilometerlangen Schatten auf das unter der Heilstätte liegende Tal von Schwarzach warf; in welchem in diesen vier Monaten die Sonne nicht aufging.« So bang war dem jungen, hochsensiblen und musischen Dichter damals zumute.

Andererseits sang er hier in Sankt Veit im Kirchenchor und traf Menschen, die ihn durch sein ganzes Leben begleitet haben: den Musiker Rudolf Brändle, die Organistin Anna Janka, den Maler Rudolf Holz und seinen »Lebensmenschen«, die um 37 Jahre ältere Hedwig Stavianicek, der er, wie er selbst schrieb, »alles zu verdanken« hatte. Die »Tante«, wie er sie nannte, führte ihn in die Wiener Gesellschaft ein und förderte ihn als Künstler. Er blieb ihr bis zu ihrem Tod in tiefer Freundschaft verbunden und ließ sich in ihrem Grab beerdigen.

Die Sankt Veiter sind nicht nachtragend, sie halten das Andenken an ihren großen Dichter wach. Der Thomas-Bernhard-Weg verbindet die Stationen seines Aufenthalts und Wirkens in einem einstündigen Rundweg. Er führt vom Ortszentrum zur Landesklinik Sankt Veit, der vormaligen Lungenheilanstalt Grafenhof mit der Anstaltskapelle, in der Thomas Bernhard sang, hinüber zum Friedhof mit den Gräbern von Anna Janka und Rudolf Holz und zurück zum Marktplatz.

Adresse Start: Marktplatz / Ortsmitte, A-5621 Sankt Veit im Pongau | ÖPNV Bus 580 von Schwarzach nach Sankt Veit | Anfahrt A 10, Ausfahrt Bischofshofen, auf der B 311 nach Sankt Veit | Öffnungszeiten ganzjährig geöffnet | Tipp Im Seelackenmuseum sind dem Schriftsteller mehrere Räume gewidmet, dort finden jährlich die Thomas-Bernhard-Tage statt. Eine Führung auch durch die heimatgeschichtlichen Räume des Museums ist sehr zu empfehlen.

72__Das Museum Tauernbahn

Landschaftsbau vorerst eingestellt

Die Tauern sind ein gewaltiges Gebirge. Gigantische Gletscher formten unzugängliche Täler, die trotzdem besiedelt wurden. Gold und Silber wurde unter großer Anstrengung in den höchsten Minen Europas geschürft. Die größte technische Leistung aber verlangten die Tauern den Ingenieuren beim Bau einer Eisenbahn quer durch dieses Gebirge ab.

Für die k. u. k. Monarchie war der Bau der Nord-Süd-Verbindung über die Alpen eine wirtschaftliche Kraftanstrengung, bei der zu Baubeginn nicht sicher war, ob sie sich jemals lohnen würde. Mit der am 5. Juli 1909 eröffneten Nord-Süd-Magistrale wurden der Südosten Österreichs und der Süden Bayerns an den Hafen Triest angebunden und das Gasteinertal überhaupt erst erschlossen.

Das Museum Tauernbahn verfügt neben einer adaptierten Remise und einem kleinen Freigelände auch über ein eigenwilliges, nach den Plänen des in Schwarzach geborenen Architekten Prof. Adolf Krischanitz errichtetes Gebäude in Lokomotivform. Dargestellt ist die Geschichte der Tauernbahn, ausgehend von ihrer Planung über den Bau, das Leben und die Arbeitsbedingungen der Arbeiter bis zum Betrieb nach der Fertigstellung und bis in die Gegenwart.

Im ersten Stock der Ausstellung ist eine große Modelleisenbahn untergebracht, die den Ausbauzustand der Tauernbahn im Jahr 1970 nachstellt. Jahr für Jahr wächst die Modellbahn nur um ein bis zwei Meter, mehr ist ehrenamtlich nicht möglich. Die drei Schöpfer dieser Bahn opfern jede freie Minute, doch kann es bis zu einem Jahr dauern, einen neuen Bahnhof nach Originalplänen im Maßstab 1:87 nachzubauen. Ebenso sorgfältig und individuell werden Brücken, Straßen, Häuser und Bäume angefertigt. Ein Lebenswerk. Schön, dass sich dieser Aufwand lohnt, denn wenn es auch Modellbahnen größerer Dimension gibt, spürt man doch, dass dieses Modell der berühmten Tauernbahn über eine unverkäufliche Seele verfügt.

Adresse Bahnhofstraße 32, A-5620 Schwarzach im Pongau, Tel. +43/6641/528907, www.museum-tauernbahn.at | **Anfahrt** A 10, Ausfahrt Bischofshofen, auf der B 311 nach Schwarzach, rechts in die Salzburger Straße, Wegweiser ÖBB Bahnhof | **Öffnungszeiten** Mai–Okt. Mi, Sa 13–17 Uhr, So und Feiertage 10–17 Uhr, Juli und Aug. zusätzlich Do 19–22 Uhr | **Tipp** Ein Restaurant für Gourmets ist die Jagdstube des Hotels Oberforsthof im nahen Alpendorf Sankt Johann. Vorheriges Reservieren ist ratsam (www.oberforsthof.at).

73 Die Krypta von Sankt Hippolyt

Am ältesten Ort von »Sellamsi«

Zell am See ist zusammen mit Kaprun mit zwei Millionen Übernachtungen pro Jahr eines der touristischen Zentren in Österreich. Da ist dieser wunderbare Zeller See, an seinem Ufer das hübsche Grandhotel, dahinter richtig hohe Berge mit Schnee und Eis, und das auch im Sommer, ein erschlossenes Gletschergebiet, das für jeden bequem per Seilbahn erreichbar ist. Für Wüstensöhne aus Kuwait und den Emiraten ist »Sellamsi« das reinste Paradies. Und wenn es dann noch regnet, gibt es keine Klagen der Gäste aus den Golfstaaten. Im Gegenteil, dann sind sie besonders zufrieden. Deshalb werden in den Sommermonaten die urigen Holzhütten in Restaurants mit orientalischer Küche und die Kaffeehäuser in Shisha-Stuben umgewandelt. Da staunt der ahnungslose Piefke erst einmal und sucht sich einen Ort, der schon da war, als die Menschheit noch nichts vom Tourismus wusste. Mitten am Stadtplatz wird er fündig, wo der 36 Meter hohe Turm der Stadtpfarrkirche trutzig seinen Platz im quirligen Zentrum behauptet. Die von der Anlage her romanische Kirche ist dem heiligen Hippolyt geweiht. Sein Name wird nicht als Pferdeflüsterer, sondern als »Pferdebefreier« gedeutet. Er ist der Schutzpatron der Gefängniswärter, der Pferde und der Stadt Zell am See. In den 1980er Jahren wurde der älteste Teil der Kirche wieder freigelegt, die lange verschüttete Krypta aus dem 8. Jahrhundert, die eine erhabene Stille und Ehrwürdigkeit ausstrahlt.

Vermutlich hatte sich an der Stelle der heutigen Stadtpfarrkirche schon ein vorchristlicher Kultplatz befunden, vielleicht ein Tempel mit Grabstelen. Darauf lässt der Fund eines keltisch-römischen Reliefsteins schließen. Die Kirche enthält nicht nur die ältesten Bauelemente des gesamten Pinzgaus, sondern viele weitere Schätze wie die auf vier Marmorsäulen ruhende Empore. Hier gibt es mit Muße und Geduld jede Menge Kostbarkeiten zu entdecken.

Adresse Stadtplatz 5, A-5700 Zell am See | Anfahrt A 10, Ausfahrt Bischofshofen, auf der B 311 bis Zentrum Zell am See | Öffnungszeiten ganzjährig geöffnet | Tipp Neben der Pfarrkirche steht die kleinere und weniger prächtige Marienkirche, die als Volks- und Wallfahrtskirche gilt. Darin befindet sich ein schönes Bild einer Madonna im Ährenkleid, im Volksmund »Woazfrau« (Weizenfrau) genannt.

74__Der Lohninghof

Eine Initiative für die Kultur

Während in der Hauptsaison die großen Hotels in Zell am See voll von arabischen Gästen sind, die das Stadtbild prägen und für klingelnde Kassen sorgen, geht es in Thumersbach, auf der anderen Seeseite, vergleichsweise beschaulich zu. Hier ist es einer einheimischen Initiativgruppe gelungen, einen historischen Hof vor dem Umbau zu Eigentumswohnungen zu bewahren und für die Kultur vor Ort zu erhalten. Der Lohninghof gehört zu den ältesten Gebäuden am Zeller See. Er wurde bereits um 980 zum ersten Mal schriftlich erwähnt. Die Thumersbacher wollten, dass er ihnen in der Dorfmitte als Begegnungsort erhalten bleibt, und sie haben die Politik von ihrem Anliegen überzeugen können. Das Erdgeschoss beherbergt nun wieder, wie ehedem, eine Gaststätte, wenngleich die »Speisenmeisterei« kein Dorfwirtshaus ist, sondern gehobenen Ansprüchen an Küche und Weinkarte genügt. Hier sind nicht nur die Speisen ein Augenschmaus, auch das Ambiente im modernen, witzigen Design überrascht zum Beispiel mit pinkfarbenen Polstersesseln vor einem Raumtrenner aus grünen Weinflaschen. Über dem Tresen hängen die luftgetrockneten Schinken wie in bester spanischer Tradition, und die Regale der Vinothek beherbergen über 150 Tropfen aus Österreich.

Unten gibt es Ess- und Trinkkultur, im ersten Stock wird im Vereinsraum der Bäuerinnen Brot gebacken. Hier ist auch die Kochschule der »Speisenmeisterei« untergebracht, in der nicht nur die Großen lernen, wie man leckeres Essen zubereitet, sondern auch Kinder und Jugendliche. Foyer und zwei Seminarräume bieten Platz für Ausstellungen und Schulungen. Im zweiten Stock gibt es einen Saal mit Bühne und Künstlerzimmer, in dem Theater gespielt wird und Konzerte stattfinden. Hier treten Kabarettisten auf, und es werden Filme gezeigt. Die Preise sind moderat, obwohl die Erträge aus den Veranstaltungen das halbe Jahresbudget für den Lohninghof erwirtschaften müssen. Kultur im ansprechenden Ambiente, die man sich leisten kann. Was will man mehr?

Adresse Seeuferstraße 6, A-5700 Thumersbach-Zell am See, www.lohninghof.at | **ÖPNV** Bus 70 von Zell am See, Haltestelle Thumersbach Ortsmitte | **Anfahrt** A 10, Ausfahrt Bischofshofen, auf der B 311 bis Zell am See, dann über Fischhorn- und Seeuferstraße bis Thumersbach | **Öffnungszeiten** »Speisenmeisterei« Mi–So 10–0 Uhr | **Tipp** Ein lohnendes Wanderziel ist der Hundstein, mit 2.117 Metern der höchste Gipfel der Salzburger Schieferalpen. Das jährliche Jakobi- oder Hundsstoa-Ranggeln, ein Ringer-Wettkampf, ist immaterielles Welterbe der UNESCO.

75 Das Strubklammkraftwerk

Von der Schönheit eines Maschinenraums

Keine Kirche, keine Mühle und keine Villa ist dieser elegante Bau vom Anfang des 20. Jahrhunderts. Aufgrund seiner Lage am oberen Ende des Wiestalstausees ist der Zweck dieses nach oben strebenden Industriebaus mit den schmalen Fensterschlitzen dann doch nicht schwer zu erraten. Es ist der Maschinenraum eines Wasserspeicherkraftwerks. Die drei Turbinen, die dort standen, wandelten die Wasserenergie wie eine Mühle in Rotationsenergie um und speisten Generatoren, die daraus Strom erzeugten.

Das Strubklammkraftwerk ging 1924 als Oberstufe des schon 1913 errichteten Wiestalkraftwerks in Betrieb. Geplant und den Bau überwacht hat ein Deutscher. Richard Hildmann, in Frankfurt geboren, war Diplom-Ingenieur, außerdem Bürgermeister und späterer Ehrenbürger der Stadt Salzburg. Neben dem Kraftwerk wurde auch eine kleine Muster-Reihenhaussiedlung auf dem Hügel mit Sicht über den Stausee errichtet. Alle Gebäude stehen heute unter Denkmalschutz und sind frisch renoviert, die Häuser bewohnt.

Das Wiestalkraftwerk konnte 1913 das Vierfache der für Salzburg benötigten Strommenge erzeugen, doch mit der Verfügbarkeit stieg auch der Bedarf rasant, und so kam nach dem Ende des Ersten Weltkriegs das zweite Kraftwerk dazu, das Wasser aus dem Almbach, dem Strubklammstausee und dem Hintersee zur Stromerzeugung nutzte. Dafür wurden Holzleitungen und unterirdische Stollensysteme errichtet. Bis 1944 deckten die Kraftwerke Strubklamm und Wiestal zusammen den gesamten Strombedarf Salzburgs. Als nach dem Krieg die Bevölkerungszahlen stiegen, schloss man die Stadt an das Verbundnetz an, und Mitte der 70er Jahre wurde das Wiestalkraftwerk saniert. Das alte Strubklammkraftwerk wurde in den 80er Jahren geschlossen und daneben ein neues Werk mit zwei Francis-Spiralturbinen in Betrieb genommen. Die Salzburg AG nutzt die alte Maschinenhalle heute nur mehr als Lagerraum.

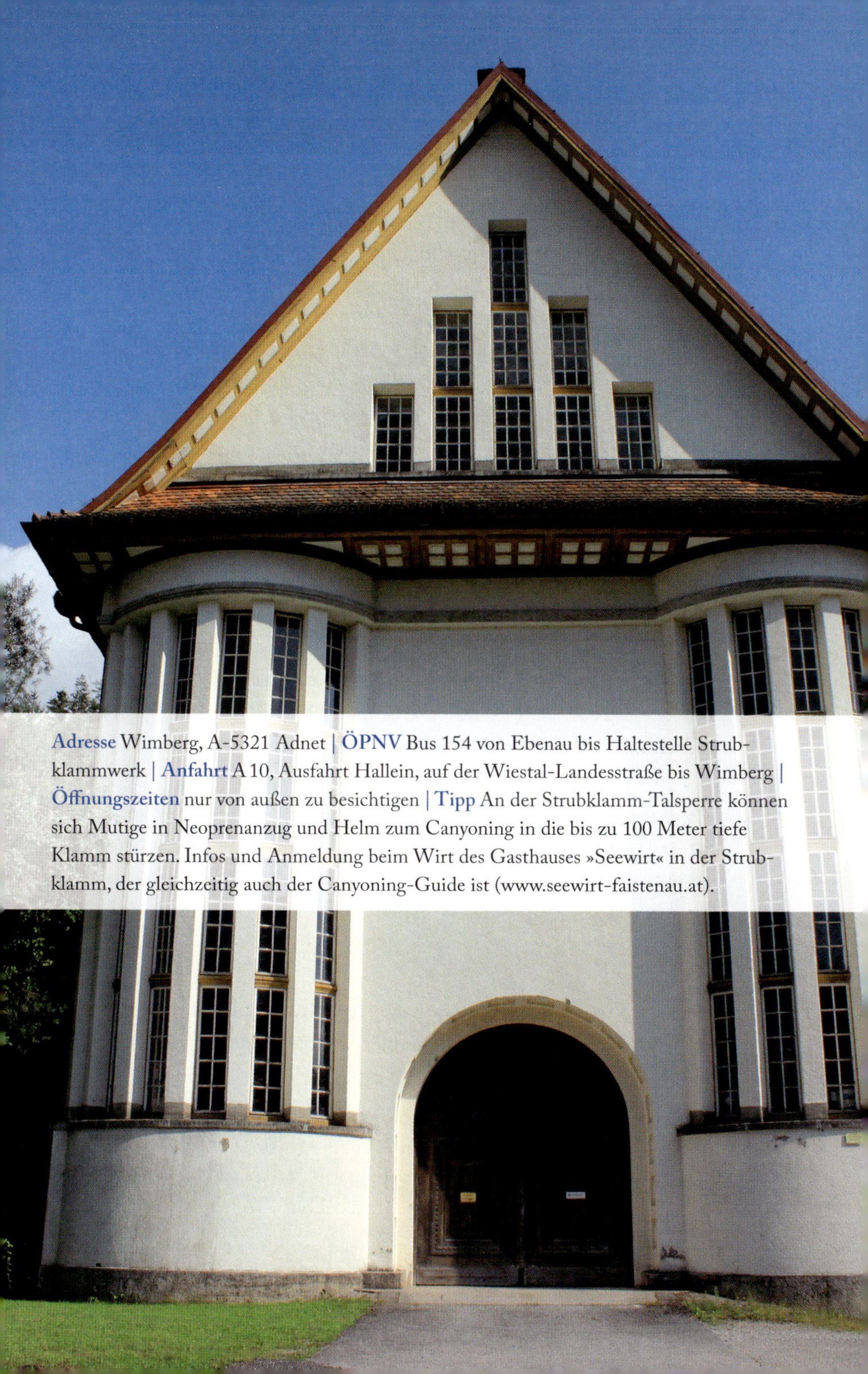

Adresse Wimberg, A-5321 Adnet | **ÖPNV** Bus 154 von Ebenau bis Haltestelle Strubklammwerk | **Anfahrt** A 10, Ausfahrt Hallein, auf der Wiestal-Landesstraße bis Wimberg | **Öffnungszeiten** nur von außen zu besichtigen | **Tipp** An der Strubklamm-Talsperre können sich Mutige in Neoprenanzug und Helm zum Canyoning in die bis zu 100 Meter tiefe Klamm stürzen. Infos und Anmeldung beim Wirt des Gasthauses »Seewirt« in der Strubklamm, der gleichzeitig auch der Canyoning-Guide ist (www.seewirt-faistenau.at).

76 Der Schmittenstein

Zwei Brüder, ein Weg

Der Schmittenstein ist ein markanter Gipfel der Osterhorngruppe, der wie ein Kamel mit zwei Höckern aussieht. Vom Salzburger Süden oder von der Tauernautobahn springt er sofort ins Auge. Mit 1.695 Metern Höhe übertrifft er seinen westlichen Bruder, den Schlenken, um ganze 47 Meter. Eigentlich bilden die zwei fast schon eine Einheit. Sie gehören zusammen, und man kann beide in einem Aufwasch erklimmen, denn sie sind durch einen felsigen Grat miteinander verbunden, den jeder Wanderer unter kurzer Zuhilfenahme der Arme überwinden kann. Ein Schmankerl, das die Überschreitung erst interessant macht. Empfehlenswert ist eine vier- bis fünfstündige Rundtour von Zillreith aus über die Jägernase zuerst auf den Schlenken, dann über den Gratweg. Nach einem kurzen Abstieg geht es hinauf zum Schmittenstein. Hier sind einige kleine Kraxelpassagen mit Drahtseilen gesichert. Vorsicht, bei Nässe herrscht Rutschgefahr auf den glatten Steinen. Vom Gipfel blickt man im Nordwesten auf Salzburg, im Westen auf die Berchtesgadener Alpen und im Süden auf das Tennengebirge. Im Osten leuchten die Gletscher des Dachsteins. Zurück geht es unterhalb der Gratpassage den Hang querend zur Schlenkenalm, einer urigen Jausenstation, dann zur Halleiner Hütte und nach Zillreith, an den Ausgangspunkt.

Am Schlenken wurden die ältesten menschlichen Überreste im Land Salzburg gefunden, 40.000 Jahre sind sie alt. Hier hat der Neandertaler gelebt und mit ihm zusammen wohl auch sein Feind, der Höhlenbär. Bis heute wurden circa 25 Höhlen im und am Schlenken entdeckt. Die bekannteste ist eine Durchgangshöhle unterhalb des Verbindungsgrates hinüber zum Schmittenstein. Ein Tunnel von 130 Metern Länge unterquert den Grat in Nord-Süd-Richtung. Knochengeräte und Steinwerkzeuge wurden hier gefunden. Während der Nazidiktatur bot diese Höhle sogar vorübergehend einer jüdischen Familie aus Salzburg Zuflucht.

Adresse Start: Gasthof Zillreith, Spumberg 35, A-5421 Adnet | **ÖPNV** Bus 450 von Hallein nach Unterkrispl, dann circa 3 Kilometer zu Fuß | **Anfahrt** A 10, Ausfahrt Hallein, dann auf die Wiestal und Krispler Landesstraße, vor Krispl auf den Spumberg abbiegen | **Tipp** Sehenswert ist der Rundweg durch die Marmorsteinbrüche im nahe gelegenen Adnet (marmormuseum.adnet.at).

77_Die Ewige Wand

Ganz ohne Seil und Haken

Die schroffe Felswand über Bad Goisern, die zum Predigtstuhl, dem Hausberg des am Hallstätter See gelegenen Ortes, gehört, sieht nur von Weitem für Wanderer »uneinnehmbar« aus. Wenn man den Wurmstein hinauffährt und sich der Wand nähert, erkennt man eine Schneise, die sich durch die Wand fräst wie der Kanal der Miniermotte durch ein Kastanienblatt. Ein etwas brachial angelegter Weg führt durch die Wand – inklusive zweier Tunnel, von denen der längere sogar per Solarpanel bei Dunkelheit beleuchtet ist. So viel Komfort, damit jedermann mit Kind und Kegel die Wand ohne Seil und Mühen durchsteigen kann. Am einfachsten geht das von der Rathlucken-Hütte aus. Ein Sprengtrupp der Bundesforste hat hier Hand angelegt, und zwar schon in den 50er Jahren des vorigen Jahrhunderts. Das war zu einer Zeit, in der man noch nicht so viele Skrupel hatte, das Aussehen der alpinen Landschaften durch menschliches Eingreifen nachhaltig und unwiederbringlich zu verändern. Dagegen sind die in den 90er Jahren vom Goiserer Berg- und Kletterführer Heli Putz angelegten Klettersteige vergleichsweise harmlos. Kurz und knackig und vor allem spektakulär führt am Eingang zum zweiten Tunnel der Ewige-Wand-Klettersteig vom Höhenweg luftig hinaus über den Abgrund und die Wand hinauf.

Wenn man den Normalweg auf dem bewaldeten Rücken Richtung Predigtstuhl weitergeht, kommt man nach etwa 20 Minuten zu einem Aussichtspunkt über dem Goiserer Tal. Die Blaschek-Warte, ein hölzerner Unterstand mit zwei gegenüberliegenden Sitzbänken, wurde nach dem k. u. k. Förster Leopold Blaschek benannt. Weiter geht's auf dem Radsteig zum Gipfel des Predigtstuhls, der nur 1.278 Meter hoch, aber trotzdem ein feiner Aussichtsberg hinüber zum Hallstätter See und zum Dachstein ist.

Von der Südseite führen zwei Klettersteige hinauf zum Gipfelkreuz. Für Kletterer ist die Ewige Wand eine »Reise durchs Gelobte Land« (IV–V+).

Adresse Start: Rathlucken-Hütte, Wurmstein 2, A-4822 Bad Goisern am Hallstätter See | **ÖPNV** Bahnhof Bad Goisern, Bus 542 und 952 bis Bad Goisern Mitte | **Anfahrt** A 1, Ausfahrt Mondsee, auf der B 145 oder B 158 nach Bad Ischl, dann B 145 bis Bad Goisern, über Hofrat-Renner- und Lasernstraße nach Riedln und Wurmstein | **Öffnungszeiten** Steig etwa von April–Okt. begehbar | **Tipp** Den echten, handgemachten »Goiserer« Schuh kann man bei Schuhmacher Philipp Schwarz in der Unteren Marktstraße 9 in Bad Goisern bewundern und sich sogar ein Paar »Schuhe fürs Leben« maßanfertigen lassen.

78 Die Katrin

Nicht blond, nicht braun

Die Katrin ist der bekannteste Gipfel im Katergebirge, auch »Kattergebirge« genannt, das zur Osterhorngruppe in den Salzkammergut-Bergen gehört. Mit ihren 1.544 Metern ist sie zwar kein besonders hoher Gipfel, aber der Hausberg von Bad Ischl und von dort mit einer charmanten historischen Seilbahn erschlossen, der Katrinbahn. Ihre Bergstation liegt auf 1.415 Metern. Bald kann sie ihren 60. Geburtstag feiern – bis 2010 war sie durchgehend ganzjährig in Betrieb.

Erbaut 1959, wurden die futuristisch wirkenden, silbern glänzenden Zwei-Personen-Gondeln in den 70er Jahren des vorigen Jahrhunderts gegen größere Vierer-Gondeln ausgetauscht, die bunt lackiert und teilweise mit Sitzkissen liebevoll ausgestattet sind. 15 entschleunigte Minuten dauert die Fahrt mit Aussicht über Bad Ischl und die Traun, sogar die gelbe Kaiservilla erkennt man von oben. Oben kann man in den Berggasthof oder in die Katrin-Alm einkehren, zum Gipfel hinaufgehen, eine Überschreitung mehrerer Katergipfel von Ost nach West starten oder den zweistündigen Sieben-Seen-Rundweg einschlagen. Dabei sieht man schon auf dem ersten Stück mindestens vier: den Wolfgangsee, den Traunsee, den Hallstätter See und den kleinen Nussensee. Bei guter Sicht tauchen auch noch Fuschlsee, Schwarzensee und mit viel Glück der in 70 Kilometern Entfernung liegende Tachinger See auf, der bereits in Bayern liegt.

Man kann auch von der ehemaligen Skipiste der Katrin aus den Hang nordwestlich queren und dann auf einem Klettersteig der Schwierigkeit B/C den Gipfelaufschwung mit Hilfe von Drahtseilen und Metallstiften im Fels und der entsprechenden Ausrüstung angehen. Der Ausstieg erfolgt unterhalb des mächtigen Gipfelkreuzes, das, wie so vieles in Bad Ischl, mit dem Kaiser zu tun hat. Das Kaiser-Franz-Josef-Gipfelkreuz wurde 1910 zum 80. Geburtstag des Monarchen errichtet. Es ist wie der Eiffelturm ganz aus Eisen.

Adresse Seilbahn: Kaltenbachstraße 62, A-4820 Bad Ischl, www.katrinseilbahn.com | ÖPNV Stadtbus 552 vom Bahnhof Bad Ischl bis Haltestelle Kaltenbach-Katrinseilbahn | Anfahrt A 1, Ausfahrt Mondsee, auf der B 145 oder B 158 nach Bad Ischl, Beschilderung zur Seilbahn folgen | Öffnungszeiten 30. April – 7. Nov. täglich 9 – 17 Uhr, Winterfahrzeiten auf der Website | Tipp Ein Kuriosum ist der Casino-Keller in der Grazer Straße 16 in Bad Ischl. Fast 400 Quadratmeter groß, war der »Grieblkeller« über 400 Jahre der größte Kühlschrank der Ischler Bürger und Brauereien (www.cafe-casino.at).

79__Der Siriuskogl

Ein grüner Stadtbuckel

Woran denken Sie bei »Sirius« zuerst? An den Fixstern, an Sirius Black aus Harry Potter oder an den Hund des Jägers Orion? Der Siriuskogl, auch »Hundskogl« genannt, dessen Name vielleicht etwas mit der Mythologie oder der Astrologie zu tun hat, ist eine 599 Meter hohe, bewaldete Erhebung mitten in Bad Ischl, die 114 Meter über der Stadt liegt und mit einem 1885 erbauten Aussichtsturm bestückt ist. Bis 1992 konnte man für wenige Schillinge mit dem Sessellift hinauffahren. Das ist vorbei, und der neue Pächter der Gaststätte auf dem Kogl ist darüber nicht einmal besonders traurig. Dass seine Gäste den Stadtberg von Bad Ischl aus eigener Kraft bezwingen und sich ihre Jause so redlich verdienen, findet er gut. Der Weg ist steil, aber dafür nicht lang. In 20 Minuten ist man schon oben.

Für Ablenkung sorgt der »Sinneswunderweg«, den die Künstlerin Stephanie Kefer aus Bad Ischl konzipiert hat. Da darf man an einzelnen Stationen Riechrätsel lösen, Hör- und Sehexperimente anstellen und sich in einem Kleinkarussell Schwindelgefühle abtrainieren. Der »Einsiedlerstein«, ein in der Mitte gespaltener Findling, der nach dem Abschmelzen des Traungletschers auf halbem Weg zum Kogl liegen blieb, ist ein »Durchschlupfstein« für Groß und Klein.

Wer oben noch nicht genug hat vom Steigen, sollte noch die Kaiser-Franz-Josef-Warte erklimmen, von der man einen schönen Blick auf Bad Ischl und die Esplanade an der Traun und ihre vielen Straßencafés mit den bunten Schirmen hat. Auch die Kaiservilla und andere Prachtbauten aus vergangenen Epochen sind zu sehen. Und während die Kinder sich bei den Streicheltieren – von Schafen und Schildkröten bis zu glücklichen Hühnern – und auf dem schön angelegten Spielplatz vergnügen, kosten die Großen schon die regionale und saisonale Küche rund um den Turm. Im Sommer auch bei Livemusik, von der Grundlseer Geigenmusi bis zum Reggae.

Adresse Gasthaus Siriuskogl, Sulzbach 70, A-4820 Bad Ischl, www.siriuskogl.at | **ÖPNV** Stadtbus 542 vom Bahnhof Bad Ischl bis Haltestelle Bad Ischl Krankenhaus/Gymnasium | **Anfahrt** A 1, Ausfahrt Mondsee, auf der B 145 oder B 158 nach Bad Ischl, dann B 145, über Grazer Straße, Sulzbachfelderweg, Südtiroler Straße bis Siedlungsgasse | **Öffnungszeiten** April–Dez. 10–22 Uhr, Di Ruhetag | **Tipp** Als Bad-Ischl-Besucher muss man einmal in der Konditorei Zauner in der Pfarrgasse gewesen sein, um zu erfahren, wie ein »Zaunerstollen« schmeckt. Kalorienrechner vorher ausschalten (www.zauner.at).

80 Die Dorflinde

Eine Dorfmitte, wie sie sein sollte

Die 1.000-jährige Linde von Faistenau steht dort, wo man sie idealerweise hinpflanzen möchte, genau in der Dorfmitte. Um den »Lindenplatz« reihen sich die anderen wichtigen Gebäude der 3.000-Seelen-Gemeinde: Hauptschule, Kirche, das Hotel »Alte Post« und der »Krämerwirt« – beide mit schönen Gastgärten –, ein Brunnen und das Gemeindeamt. Wobei die Linde wohl am längsten hier steht. Wenn sie, wie angenommen, im 12. Jahrhundert gepflanzt wurde, dann wäre sie auch 100 Jahre älter als die Pfarrkirche, die Jakobus dem Älteren geweiht ist. Sie wurde 1324 gestiftet, damit die »Wald-Leute«, die wegen des weiten Weges und des Schnees die Kirche in Thalgau im Winter zu oft nicht besuchten, ein Gotteshaus vor Ort bekämen, das keine Ausflüchte mehr zulassen sollte.

»Linden kommen 300 Jahre, stehen 300 Jahre und vergehen 300 Jahre«, heißt es. Dafür ist die »alte Dame von Faistenau« noch erstaunlich vital. Ihr Stammumfang beträgt über neun Meter, ihre Höhe über 20 Meter. Der Stamm ist hohl, bildet aber laufend neue Innenwurzeln, die sich wie Anker in den Untergrund versenken und ihn mit allen wichtigen Vitalstoffen versorgen. Insofern ist die alte Linde ihr eigener Jungbrunnen, ein biologisches Perpetuum mobile.

Unter ihrem »Dach« wird Musik gemacht und Theater gespielt. Der im Dreijahresrhythmus aufgeführte Faistenauer »Jedermann« unter der Dorflinde ist mittlerweile eine Institution. Dann steht der Tod mit der Sense unter der vitalen alten Dame. Er hat es glücklicherweise nicht auf sie, sondern nur auf den reichen Prasser Jedermann abgesehen.

Seit 1863 hat die alte Linde einen eigenen »Predigtstuhl«, einen waagrechten, innen hohlen Seitenast, der aus dem Bauminneren mit Hilfe einer Leiter erklommen wird. Dort predigten einst die Jesuiten-Missionare sieben Tage lang. Über ihre Bekehrungserfolge bei den Faistenauer Waldleuten ist nichts Genaues bekannt.

Adresse Am Lindenplatz, A-5324 Faistenau | **ÖPNV** Bus 155 von Salzburg bis Faistenau Ortsmitte | **Anfahrt** A 1, Ausfahrt Thalgau, auf Enzersberg Landesstraße, dann über B 158 und Hinterseestraße bis Faistenau | **Öffnungszeiten** immer geöffnet | **Tipp** Die Faistenauer Jakobuskirche hat an der Südseite ein kleines Beinhaus mit bemalten Schädeln, in das man von außen einen Blick werfen kann.

81 Die Konditorei Grellinger

Venusbrüstchen mit einem Hauch Amaretto

Das Pech – oder Glück – der Konditorei Grellinger ist ihre Lage etwas abseits von der Esplanade am Traunsee, vom See durch den kleinen Franz-Josef-Platz, der eigentlich ein Park ist, und eine Straße getrennt. Deshalb hat sich Thomas Bernhard wahrscheinlich das Café Brandl im Rathaus, direkt am See, ausgesucht und sicher auch aufgrund der größeren Auswahl an Tageszeitungen, zu deren Lektüre er bekanntlich ins Kaffeehaus zu gehen pflegte. Das Grellinger ist kleiner und hat ebenfalls einige prominente Besucher aufzuweisen, deren Porträts an einer Trennwand zu sehen sind und die sich im Gästebuch des Cafés verewigt haben. Seit 1878 ist es am selben Platz und damit das dienstälteste Gmundener Kaffeehaus, untergebracht im »Stadtmaurerhaus«, in dem seit der Mitte des 16. Jahrhunderts der Stadtmaurermeister wohnte.

Runde Marmortischchen mit gusseisernem Fuß, dunkelgrüne Samtpolster und frische Sonnenblumen auf dem Tisch, so gehört sich das im Grellinger. Stammgäste betreten die Konditorei schon mal mit dem Hinweis: »Ihr müsst's mi heut aufschreiben.« Antwort: »Mach ma, wir schreib'n di auf.«

Auf der langen Theke stehen Schaumrollen-Pyramiden und Muster von mehrstöckigen Hochzeitstorten. Gekühlt darunter die feinen Apfelstrudel, Nussbeugerl und die Törtchen-Kreationen, die eine Augenweide sind und mindestens so gut schmecken, wie sie aussehen: die Himbeerkreation mit Himbeermousse, die Schokokreation oder die Venusbrüstchen mit Mousse au Chocolat und einem Hauch Amaretto. Außerdem gibt es Cassis- und Mango-Maracuja-Törtchen und die rabenschwarzen »Husarenzipfel«.

Aber wo sind die anderen bekannten Spezialitäten des Grellinger, die Pralinen und Trüffel, die Schloss-Orth-Törtchen, die original Gmundner Torte, die Traunstein-Stoana und die Schwanenküsse? »Bei der Hitze mach' ma keine Pralinen, da mach' ma Eis«, bescheidet die Chefin pragmatisch. Und recht hat sie.

Adresse Franz-Josef-Platz 6, A-4810 Gmunden, Tel. +43/7612/64153, www.konditorei-grellinger.at | ÖPNV vom Bahnhof Gmunden mit der Trambahn G bis Franz-Josef-Platz | Anfahrt A 1, Ausfahrt Regau, B 145 bis Gmunden, über Bahnhofstraße und Am Graben links in die Theatergasse bis zum Franz-Josef-Platz | Öffnungszeiten 9–18.30 Uhr, Mi Ruhetag | Tipp Zur vollen Stunde, von 10 bis 19 Uhr, können Sie am Rathausplatz dem Glockenspiel lauschen. Gespielt werden Mozart, Brahms, bekannte Volkslieder oder die Titelmelodie der Serie »Schlosshotel Orth«.

82 Die Keramikmanufaktur

Grüngeflammt, Hirsch oder Streublumen

Es gibt Menschen, die fahren jedes Jahr mindestens einmal nach Gmunden an den Traunsee, weil sie von einer lieben Verwandten ein echtes Gmundener Service geerbt haben. Und da ein weltberühmtes, 300 Jahre altes Keramikdekor wie das »Grüngeflammte« in früheren Zeiten noch nicht spülmaschinenfest war, müssen immer wieder einige Teile neu hinzugekauft werden.

Die Keramikmanufaktur in Gmunden ist das Mekka für viele Sammlerinnen und Sammler. Wenn man ein wenig Zeit erübrigen kann, macht man eine Führung mit, bei der man selbst probieren darf, die Keramik zu bemalen: mit dem Dachshaarpinsel, dem Malhörnchen, dem »Randler« für den feinen Tellerrand oder der Farbstation für das Geflammte. Besucher, die sich für dieses Experiment zur Verfügung stellen, haben den Teller in der einen, den dünnen Farbschlauch in der anderen Hand – und dann legen sie los. Wenn die Testperson am Ende behauptet, sie habe ein neues Design erfunden, weil ihr Ergebnis dem Original so gar nicht ähnelt, dann hat sie immerhin Humor. Und auch wenn ausnahmsweise ein herausragendes Maltalent unter den Testern sein sollte, gibt es keinen Grund, übermütig zu werden. Im letzten Jahr wurden ganze zwei Keramikmallehrlinge angenommen. Beworben hatten sich zehnmal so viele.

Was man bei der Führung begreift: Alles hier ist Handarbeit, auch wenn die Maschinen beim Guss der Formen mithelfen. Bis zu 60-mal wird ein Keramikstück von den 130 Mitarbeitern in die Hand genommen, bis es fertig ist. Und für das aufwendigste Design, das Jagddekor, malt eine erfahrene Keramikmalerin etwa eine Stunde an einem einzigen Stück. Am Ende der Führung ist der Respekt vor dem Produkt und der Arbeit so vieler Menschen gewachsen, und man versteht, dass man die Gmundener Keramik nicht für einen Discountpreis bekommt. Dafür ist sie absolut zeitlos und im Grunde eine Anschaffung fürs Leben – bisweilen sogar darüber hinaus.

Adresse Keramikstraße 24, A-4810 Gmunden, Tel. +43/7612/7860, www.gmundner.at | **ÖPNV** vom Bahnhof Gmunden mit Bus 509 oder Trambahn G bis Gmunden Keramik | **Anfahrt** A 1, Ausfahrt Regau, B 145 bis Gmunden, dann von der Bahnhofstraße links in die Keramikstraße | **Öffnungszeiten** Mo–Fr 9–18 Uhr, Sa bis 17 Uhr; Führungen Mo–Sa 10.30 und 13 Uhr, Juni–Aug. Mo–Fr 10.30, 13 und 15 Uhr, Sa, So 10.30 und 13 Uhr | **Tipp** Gmunden ist »die« Keramikstadt. Sehen Sie sich doch auch den Salzträgerbrunnen aus Keramik am Rinnholzplatz an, das Keramik-Glockenspiel am Rathaus oder die Schutzmantelmadonna über einem Seiteneingang in der Pfarrkirche.

83 Der Pilgerweg zum Falkenstein

Mit dem Kopf gegen die Wand

Neuere Grabungen auf dem Falkenstein über dem Wolfgangsee haben ergeben, dass die mittelalterlichen Pilger keine Heiligen waren. Unterhalb der Einsiedelei auf dem Falkenstein, die der heilige Wolfgang im 10. Jahrhundert bewohnte, hat man Reste einer Pilgerherberge entdeckt und fand darin Maultrommeln, Tabakspfeifen, eine Knochenflöte und sogar eine Taschensonnenuhr. Ein fröhliches Völkchen pilgerte also hierherauf. Quecksilberreste in der ehemaligen Latrine deuten auf einen Kampf gegen die weitverbreitete Syphilis.

Der Pilgerweg zum Falkenstein ist heute noch ein Erlebnis mit vielen Stationen: eine an den Felsen gebaute Einsiedelei mit dem »Durchschlupfstein«, der die Gläubigen von ihren Leiden befreien soll; eine »Wunschglocke«, die, wenn man sie genau dreimal erklingen lässt, einen Herzenswunsch erfüllt; die Wolfgangsquelle, die der Heilige für einen durstigen Eremitenkollegen in den Fels schlug und die Augenleiden heilen soll. Am höchsten Punkt des Pilgerwegs gibt es die »Kopfweh-Station«. Der Teufel, dem der fromme Eremit ein steter Dorn im Auge war, wollte den späteren Heiligen mit einem Fels zerquetschen, worauf Wolfgang die Arme ausbreitete und sich mit Kopf und Händen gegen die Steinwand stemmte. Die drei Abdrücke in Kreuzform sind heute noch zu sehen. Wer seinen Kopf in die Vertiefung legt, soll von Kopfschmerzen befreit werden. Und dann gibt es noch die Stelle, »wo Wolfgang das Hackl warf«. Er warf sein Beil – woran man ihn bis heute auf Abbildungen erkennt – ganze vier Kilometer weit. Da, wo er es wiederfand, begann er mit dem Bau einer Kirche, der heutigen Pfarr- und Wallfahrtskirche von Sankt Wolfgang. Sobald die Pilger dieses Ziel erblickten, waren das Ende der Pilgerreise und die Erlösung von allen Strapazen nah.

Adresse Fürberg, A-5340 Sankt Gilgen | **ÖPNV** Bus 546 von Strobl, Schiff von Strobl oder Sankt Gilgen nach Ried beziehungsweise Fürberg | **Anfahrt** A 1, Ausfahrt Thalgau, Enzersberg Landstraße, dann B 158 bis Ried oder bis Sankt Gilgen / Fürberg | **Öffnungszeiten** immer geöffnet | **Tipp** In der Fürberger Bucht gibt es mehrere freie Zugänge zum See und ein Waldbad. Hier kann man im Sommer mit etwas Glück auch den Klippenspringern zusehen.

84 Der Kienbergwandtunnel

Vorfahrt für Radler und Fußgänger

Welch ein seltener Luxus! Ein eigener Tunnel nur für Radfahrer und Fußgänger. Autos haben parallel dazu ihren Tunnel und können den Zweirädern nicht in die Quere kommen. Wie kam es zu dieser Kuriosität auf dem Salzkammergut-Radweg? Die Straße um den Mondsee hat sich immer schon zwischen die 400 Meter hohe Kienbergwand und den See zwängen müssen, und sie war viel befahren. Als sich 1999 ein gefährlicher Felssturz ereignete, der eine komplette Straßensperre nötig machte, dachte man über eine dauerhafte Lösung nach. »Man«, das sind in diesem Fall zwei Bundesländer, nämlich Salzburg und Oberösterreich, die schließlich gemeinsam das 1.168 Meter lange Tunnelprojekt angepackt, finanziert und 2005 dem Verkehr übergeben haben.

In drei Varianten ist der Salzkammergut-Radweg zwischen 328 und 345 Kilometer lang und umrundet – beziehungsweise streift – ganze 13 Seen zwischen der Stadt Salzburg und Bad Mitterndorf südlich des Grundlsees. Er kreuzt somit die drei Bundesländer Salzburg, Oberösterreich und Steiermark. Man muss dabei nicht alle Kilometer mit dem Rad fahren, sondern kann zwischendurch auch auf die Schiene ausweichen oder sich einzelne Seen zur Umrundung auf einer Tagestour herauspicken wie den Mondsee, den Attersee oder den Wolfgangsee. Denn es gibt ja neben der Straße so viel zu sehen, Badeplätze und lauschige Gastgärten anzusteuern für eine Jause, eine Mehlspeise oder einen fangfrischen Fisch aus der Pfanne oder einen leckeren Steckerlfisch vom Grill. Manchmal kann man das Fahrrad auch aufs Schiff packen, wie in Gmunden am Traunsee auf die »Gisela«, den ältesten Raddampfer der Welt, der noch in Betrieb ist. Oder mit der Fähre von Gschwendt bei Strobl zum Markt Sankt Wolfgang übersetzen.

Die Strecke führt ganz überwiegend über separate Radwege und wenig befahrene Nebenstraßen, ist also ideal zum Befahren mit Touren- und Trekkingrädern.

Adresse Kienberg, A-5340 Sankt Gilgen | **ÖPNV** Postbus 356 von Mondsee nach Sankt Gilgen, Haltestelle Scharfling Gasthaus | **Anfahrt** A 1, Ausfahrt Mondsee, dann auf der B 154 bis Scharfling | **Tipp** Den nächsten öffentlichen Badeplatz am Mondsee finden Sie bei Plomberg. Der Eintritt ist frei, nur Parkgebühr ist zu bezahlen.

85 Die Drachenwand

Luftige Kletterei über dem Mondsee

Die Drachenwand ragt auf ihrer Nordseite 700 Meter über dem grünen Mondsee auf und lockt seit einigen Jahren mit einem luftigen Klettersteig, der durchgehend versichert und mit B / C sowie einer kurzen C / D-Schwierigkeit beschrieben ist. Wir haben ihn an einem ungewöhnlich milden, sonnigen, schneefreien 23. Dezember begangen. Von Sankt Lorenz her kann man die Drachenwand auf der Südseite auch erwandern. Sie zieht sich etwa einen Kilometer von West nach Ost, und ihr Gipfel erreicht 1.176 Meter. Unter dem Gipfelkamm befindet sich das »Drachenloch«, ein Fenster im Fels, über dem der Grat zu einer schmalen Brücke wird.

Dazu gibt es auch eine Geschichte: In der Legende vom Drachenloch hat eine Pfarrersköchin ihrem Dienstherren nicht die Butter vom Brot, aber den Rahm von der Milch gestohlen. Für ihre Missetat holte sie der Teufel. Die Frau wurde zur Furie und schrie und zeterte so heftig, dass der Teufel aus dem Tritt kam und bei seinem Sturz ein Loch durch den Berg riss, nämlich das Drachenloch.

160 Höhenmeter Zustieg und 400 Höhenmeter Aufstieg hat der Klettersteig zu bieten. Am Einstieg versuchen zwei lange und fast senkrechte Leitern gleich allen Aspiranten den nötigen Respekt einzuflößen, aber die eigentliche Schlüsselstelle kommt viel weiter oben. Man kann sie auf einer langen Seilbrücke mit Tiefblick umgehen. Wer hier jedoch Höhenprobleme bekommt, muss die Alternative wählen und mit Armkraft die senkrechte Felswand hinauf. Am Gipfel sind jedoch, wie immer, alle Mühen vergessen, und man genießt nur noch den Ausblick auf den See und die verdiente Brotzeit. Die ungesicherte Felsbrücke über dem Drachenloch kann man rechts liegen lassen, denn auch der Abstieg über den Normalweg, der mit Leitern, steilen Abschnitten und Gegenanstiegen aufwartet, ist nicht zu unterschätzen. Im Sommer sorgt ein anschließendes Bad im See für Entspannung, im Winter eine Tasse heiße Schokolade.

Adresse Start: Sankt Lorenz 46, A-5310 Sankt Lorenz, www.drachenwand-klettersteig.at | **ÖPNV** Bus 356 von Mondsee nach Sankt Gilgen, Haltestelle Sankt Lorenz | **Anfahrt** A 1, Ausfahrt Mondsee, dann auf der B 154 bis Sankt Lorenz | **Tipp** Der Gasthof »Drachenwand« gleich beim Parkplatz zum Klettersteig ist ein gutes Restaurant mit schattigem Biergarten. Genau das Richtige für erschöpfte Sportler.

86__Die Felszeichen

Kult oder Zeitvertreib?

Über 40 Felswände mit Ritzungen soll es in der Klamm des Kienbachs über Rußbach bei Sankt Wolfgang geben, nur das Auffinden ist nicht leicht. Geholfen haben uns ein Satellitennavigationsgerät und eine Geocaching-Seite im Internet. Ähnlich ausgestattet sollte man sein, wenn man sich zum Kienbach aufmacht, festes Schuhwerk und keine Angst vor rutschigen, zum Teil recht steilen Waldpfaden vorausgesetzt. Und dann: Augen auf und jede Felswand, an der man vorbeikommt, genau ansehen, dann kann man sie ebenfalls entdecken und sich auch als Hobby-Archäologe oder Zeichendeuter an einer Interpretation der Zeichen versuchen.

Die Ritzungen stellen zum größten Teil lange Leitern dar, einzelne oder auch mehrere nebeneinander, außerdem Räder mit Speichen und dazu einige Rauten. Das Mammut, das ein Forscher einst entdeckt haben wollte, wurde später als natürliche, durch Witterung entstandene Zeichnung im Fels entlarvt. Aus der Steinzeit stammen die Ritzungen am Kienbach auf keinen Fall. Frühestens sind sie in der späten Römerzeit entstanden, etwa im 4. oder 5. nachchristlichen Jahrhundert. Von manchen wurden die Leitern als Himmelsleitern und die Räder als Sonnenräder des Mithras-Kultes gedeutet. Sie sollen den Aufstieg des Menschen zum Sonnengott Mithras symbolisieren. Andere meinen, die Urheber könnten auch einfache Hirten gewesen sein, die aus purer Langeweile hier an den Felsen herumgeritzt hätten.

An einigen Felsen haben auch Besucher aus allerjüngster Zeit ihre Spuren hinterlassen, wie Jonas, der hier war und sich gleich über einer Himmelsleiter verewigt und dazu auch das Datum hinterlassen hat, damit spätere Generationen sich nicht weiter den Kopf zerbrechen müssen, aus welchem Jahrhundert er stammte. Die beiden Höhlen, »Jägerhöhle« und »Kienkirche«, die man auch noch über dem Kienbach finden kann, scheinen dagegen bis auf ein paar Fledermäuse, die hier ein abgelegenes Quartier bezogen haben, unberührt.

Adresse Start: Gasthof Branntweinhäusl, Rußbach, A-5360 Sankt Wolfgang im Salzkammergut | **ÖPNV** Bus 546 von Bad Ischl beziehungsweise Sankt Wolfgang, Haltestelle Rußbach | **Anfahrt** A 1, Ausfahrt Mondsee, dann auf der B 154 und B 158 über Weißenbach, Weinbach nach Rußbach | **Tipp** Von Rußbach aus führt eine schöne Wandertour hinauf auf den Leonsberg, auch Zimnitz genannt (1.745 Meter). Er ist ein Parade-Aussichtsberg über die Seen des Salzkammerguts.

87__Der Wolfgangibrunnen

Wohin der Heilige sein Hackl warf

St. Wolfgang – das ist der berühmte See, das Weiße Rössl mit seinem Singspiel, ehemals ein Sommerfrische-Ort für Künstler und Literaten. Was nicht jeder weiß, ist, dass der Heilige, nachdem der Ort im Salzkammergut benannt ist, eine ganz wichtige Gestalt war, zu dessen Klause am Falkenstein über dem heutigen Sankt Wolfgang im Mittelalter Hunderttausende Pilger auf Wallfahrt gingen. Im Jahr 976 kam Wolfgang, der Bischof von Regensburg gewesen war, ins Salzkammergut. Diese Jahreszahl befindet sich auf einer der Säulen des Brunnens. Wolfgang Haberl, Abt des mächtigen Klosters Mondsee, ließ den Pilgerbrunnen 1515 zu Ehren seines Namenspatrons errichten, und zwar von Lienhard Rännacher, Stadtbüchsenmacher aus Passau. Auch den Zweck des Bauwerks kann man als Inschrift auf demselben nachlesen: »zu frömen der armen pilhgrümb dye nit haben gelt umb wein dye sollen pey dissen wasser frelich sein Anno dm 1515 jar ist das werck voll pracht gott sey globt«. Arme Pilger, die sich keinen Wein leisten konnten, sollten beim Brunnenwasser fröhlich sein.

Sein Wasser sollte gegen allerlei Krankheiten Wunder tun, besonders bei Augenleiden, Hautverletzungen, Frauenleiden und Unfruchtbarkeit. Für die traditionell blauen, bauchigen Wolfgangi-Glasflaschen, in die man das Wasser abfüllte, um es mit nach Hause zu nehmen, wurde in Sankt Wolfgang sogar eine Glashütte errichtet. Die Flaschen sind heute Raritäten, erkennbar an dem eingravierten Heiligen mit Stab und Beil. Das Beil ist ebenjenes, das Wolfgang von seiner Einsiedelei auf dem Falkenstein ins Tal ans Seeufer geschleudert hatte. Die Pfarr- und Wallfahrtskirche Sankt Wolfgang besitzt zwei wunderbare Altäre: einen gotischen von Michael Pacher und einen barocken von Thomas Schwanthaler sowie einen Bußstein, der sich der Sage nach unter den Händen des heiligen Wolfgang verformte. Pilger glauben, dass von ihm eine besondere Kraft ausgeht.

Adresse Marktplatz, A-5360 Sankt Wolfgang im Salzkammergut | **ÖPNV** Bus 546 von Strobl, Schiff von Strobl oder Sankt Gilgen nach Sankt Wolfgang, Haltestelle St. Wolfgang Markt | **Anfahrt** A 1, Ausfahrt Thalgau, Enzersberg-Landstraße, dann B 158 bis Sankt Wolfgang | **Öffnungszeiten** immer geöffnet | **Tipp** Sowohl im »Weißen Rössl« am Wolfgangsee als auch im »Schwarzen Rössl« im Markt Sankt Wolfgang kann man heute noch einkehren und übernachten und sich an alte Singspiele erinnern – einst große Hits und heute fast vergessen.

88 Der Pfahlbaupavillon

Globalisierte Steinzeit

Die um den Mond- und Attersee entdeckten prähistorischen Pfahlbauten wurden 2011 in das UNESCO-Welterbe aufgenommen. Herauszufinden, was diese Funde so besonders macht, ist in den Gemeinden Seewalchen am Attersee, Attersee und Mondsee leicht. Ohne Eintritt und ohne den Entschluss, ein Museum zu besuchen, kann man während eines Spaziergangs auf der Uferpromenade am Pfahlbaupavillon stehen bleiben und sich über die bemerkenswerten hier gemachten Pfahlbaufunde informieren. Eine ganze Epoche der Jungsteinzeit haben die Archäologen nach diesen Fundorten mit »Mondseekultur« benannt. Das Besondere ist, dass außergewöhnlich viele Artefakte von einst unermesslichem Wert gefunden wurden. Exportschlager der steinzeitlichen Bewohner waren Kupfer und Kupfererzeugnisse. Äxte aus Mondseekupfer fand man nicht nur bei »Ötzi«, der in Südtirol gefundenen 5.250 Jahre alten Gletschermumie, sondern auch in Steinzeitsiedlungen vom Schwarzen Meer bis nach Skandinavien. Ungeklärt ist noch die Herkunft der Erze, die hier zu Kupfer und später auch Bronze verhüttet wurden. Und das ist nicht das einzige Rätsel, das Grund zu Spekulationen und Streit zwischen den Wissenschaftlern gibt. Denn nur von etwa 3.800 bis 3.300 vor Christus lässt sich diese Kultur hier nachweisen. Danach scheint das Seenland für etwa 1.000 Jahre unbewohnt gewesen zu sein.

Eine kühne Theorie geht davon aus, dass der gigantische Bergsturz, der die ehemals verbundenen Seen Attersee und Mondsee trennte, einen Binnen-Tsunami auslöste, der alle Siedlungen entlang des Sees verschlang. Eine noch gewagtere Hypothese besagt, dass Ötzis Mörder aus einem dieser Dörfer stammen könnte. Denn die in Italien gefertigten Pfeilspitzen wurden nördlich der Alpen nur im Berchtesgadener Land und an Mond- und Attersee gefunden. Genau so eine Pfeilspitze war es, die Ötzi durchbohrt und ihm die tödliche Verletzung beigebracht hatte.

Adresse Attersee Straße 25, A-4863 Seewalchen am Attersee | **ÖPNV** Bus 561, 565, 585, Haltestelle Seewalchen/Attersee Agerbrücke | **Anfahrt** A 1, Ausfahrt Attersee, B 151 Richtung Attersee bis Promenade | **Öffnungszeiten** immer geöffnet, Führungen im Sommer Do 18.30 Uhr | **Tipp** Interessante Fakten und sehr viele Fundstücke gibt es im Pfahlbau- und Klostermuseum in Mondsee (www.museum-mondsee.at) zu entdecken, geöffnet täglich 10–17 Uhr außer montags.

89__Das Europabad

Courtesy of Sozialistische Jugend Österreichs

Im Gegensatz zum Mondsee und anderen Seen in Österreich, wo man nur gegen Eintritt und/oder Parkgebühren an ausgewiesenen Badeplätzen und Strandbädern den See erreichen kann, ist der Attersee noch nicht vollständig mit Privatgrundstücken und Zäunen zugebaut. Auch das Europabad Weißenbach am Südende des Attersees gehört jemandem, nämlich der Sozialistischen Jugend Oberösterreichs. Doch die errichtet keine Zäune, sondern bleibt der großen sozialistischen Idee treu und stellt ihr 18.000 Quadratmeter großes Strandbad mit altem Baumbestand, der angenehmen Schatten spendet, Liegewiese, Holzsteg, Beachvolleyballplatz und Jausen-Büfett allen Menschen großzügig und völlig unentgeltlich zur Verfügung. Der Attersee ist mit bis zu 170 Metern sehr tief und hat wunderbar klares Wasser, im Sommer erreicht er aber doch überraschend angenehme Temperaturen. Was man im Europabad gar nicht findet, sind Sprungtürme, Babybecken, Wasserrutschen und andere Attraktionen aus dem Erlebnisbad. Es ist alles so, wie es immer schon gewesen ist.

Das Europabad wurde am 15. August 1962 eröffnet und hat sich seit damals kaum verändert. Vom Mosaikwandbild, das die Länder Europas farbig darstellt, bis zu den Flachbauten, in denen Tauchschule und Kiosk untergebracht sind, und der Liegewiese. Man fühlt sich zurückversetzt in die Zeit der Schwarz-Weiß-Bilder.

Die Tauchschule, die sich auf dem Gelände befindet, hat vom Schnuppertauchgang bis zum Ausrüstungsverleih ein breites Angebot. Der Attersee ist wegen seiner Tiefe und seiner Fläche von circa 46 Quadratkilometern das größte und eines der schönsten Tauchgebiete Österreichs mit Sichtweiten bis zu 25 Metern. Starker Pflanzenbewuchs, Jungfisch-Schwärme, Hechte, Aalrutten und Barsche lassen sich hier beobachten. An der Mündung des Weißenbachs, gleich neben dem Europabad, gibt es eine interessante Unterwasser-Schotterbank zu entdecken.

Adresse Weißenbach, A-4854 Steinbach am Attersee | **ÖPNV** vom Bahnhof Vöcklabruck Bus 562 nach Weißenbach | **Anfahrt** A 1 Abfahrt Schörfling, B 152 nach Weißenbach | **Öffnungszeiten** Mai–Aug. geöffnet | **Tipp** Übernachten kann man im ebenfalls der Sozialistischen Jugend gehörenden Europacamp im Zelt, in der Jugendherberge oder in einem Holzbungalow (www.europacamp.at).

90 Die Römerbrücke

Teufelsbrücke über die Taugl

Die »Römerbrücke« über die Taugl, eine Rundbogenbrücke aus Nagelfluh-Quadern, hat zwei falsche Namen. Zum einen wurde sie gar nicht von den Römern gebaut, sondern um 1613 an einer antiken Römerstraße nach Salzburg. Auch ihr zweiter Name, »Teufelsbrücke«, hat kaum mit der Wirklichkeit zu tun. Als »Teufelsbrücken« bezeichnete man früher all jene Brücken, die besonders hoch, besonders kunstvoll oder spektakulär errichtet wurden. »Das muss doch mit dem Teufel zugegangen sein«, sagten die Leute furchtsam staunend, wenn ein solch kühnes Bauwerk einen Fluss überspannte. Wenigstens den verflixten Schlussstein musste doch Beelzebub gesetzt haben.

Der Tauglbach, den die Brücke überspannt, kommt aus den Bergen der Osterhorngruppe und mündet nach acht Kilometern freiem Lauf bei Bad Vigaun in die Salzach. An ihrem Unterlauf endet die enge Tauglklamm just bei der »Römerbrücke«, um sich an einer letzten Stufe als Wasserfall hinabzustürzen und sich dann ganz zahm in runde Becken und ausgewaschene Badegumpen mit grün-transparentem Wasser zu ergießen, in denen Kinder baden. Danach wird das Bachbett breiter, jede Menge Kiesel und Schotter bringt der Wildbach mit und mäandert frei vor sich hin. Das sogenannte »Tauglgries« ist heute Naturschutzgebiet und den zweibeinigen Badegästen wie Wasseramsel, Gebirgsstelze, Regenpfeifer und Flussuferläufer vorbehalten. Ein schön angelegter Waldweg mit Ausblicken auf das Gries folgt bachabwärts dem Ufer der Taugl bis Bad Vigaun. Der Weg auf der anderen Bachseite darf von April bis Ende Juli zum Schutz der Kiesbrüter nicht begangen werden. Man muss über den Ort Bad Vigaun oder auf demselben Weg wieder zurück. Unterwegs gibt es viel zu sehen, und mit Glück trifft man auf einige der vielen Tiere, die hier heimisch sind: Heuschrecken, Schmetterlinge, (harmlose) Äskulapnattern oder blauflügelige Ödlandschrecken. Bitte die Schutzzonen beachten.

Adresse Römerbrücke, A-5424 Bad Vigaun, www.lebensader-taugl.at | **ÖPNV** Bus 460 von Hallein, Haltestelle Bad Vigaun-Tauglmühle | **Anfahrt** A 10, Ausfahrt Hallein, auf der B 159 bis Bad Vigaun, dann in die Langgasse | **Tipp** Sie können dem beschilderten Themenweg »Lebensader Taugl« folgen, der vor allem für Kinder auf farbigen Tafeln Fauna und Flora am Wildbach anschaulich darstellt. Am Ende des Weges, an der Vigauner Dorfstraße, ist ein großer Waldspielplatz mit Picknickplätzen angelegt.

91 Die Burg Golling

Die Geschichte vom Zaubererjackl

Die Burg Golling an der Salzach geht wahrscheinlich auf einen Wachturm an einer römischen Reichsstraße zurück und wurde im Mittelalter zur Burg ausgebaut, erst aus Holz, im 13. Jahrhundert aus Stein. Im 16. Jahrhundert wurde sie durch ein großes Salzach-Hochwasser schwer beschädigt und erneut restauriert. Erst in den 1970er Jahren wurde die Burg zum Museum mit festen und wechselnden Ausstellungen. Sie liegt mitten im Ort und wird auch für Seminare und kulturelle Veranstaltungen genutzt.

Die Besucher lernen die Burg als ehemaligen Sitz der Gerichtsbarkeit kennen. Darunter darf man sich freilich keinen förmlichen Gerichtssaal wie heute vorstellen. Zu sehen ist ein furchteinflößendes Verhörzimmer, in dem auch die »hochnotpeinlichen Befragungen« der Inquisition durchgeführt wurden. Die Justiz ging damals nicht gerade zimperlich mit Verdächtigen um. Wer es nicht glaubt, sollte sich die Folterkammer in der Burg Golling ansehen. Da wurden im Mittelalter und in der frühen Neuzeit Frauen, die am Rande der Gesellschaft lebten oder wegen ihres Wissens als Hebammen oder Heilkundige manchen Leuten nicht passten, verdächtigt, Hexen zu sein, gequält und grausam zu Tode gebracht.

So erging es auch Barbara Koller, der »Schinderbärbel«, deren Beruf die Beseitigung von Tierkadavern war. Im Januar 1675 wurde sie in Golling arretiert und verhört. Unter der grausamen Folter gestand sie, Mensch und Vieh verzaubert zu haben. Im August 1675 wurde sie mit glühenden Zangen gezwickt, erdrosselt und schließlich öffentlich verbrannt. Auf der Suche nach ihrem Sohn Jakob, dem »Zaubererjackl«, wurden in den folgenden Jahren 232 Kinder und Jugendliche, fast alle Betteljungen, gejagt und festgenommen, sobald man ihrer habhaft wurde. 139 wurden hingerichtet, davon waren 39 Kinder unter 14 Jahren. Doch dem »Zaubererjackl« gelang es angeblich, in einen Wolf verwandelt, den Häschern zu entkommen.

Adresse Markt 1, A-5440 Golling an der Salzach, www.burg-golling.at | **Anfahrt** A 10, Ausfahrt Golling, auf der B 159 bis Zentrum Golling | **Öffnungszeiten** Mai–Okt. täglich außer Mo 10–17 Uhr, Mai, Juni und Okt. von 12–13 Uhr geschlossen | **Tipp** Das beliebte Café Maier in Golling (Markt 12) bietet eine riesige Auswahl an feinen Torten und Mehlspeisen sowie hausgemachtes Eis.

92 Der Pass Lueg

Pässchen und Nadelöhr

Der Pass Lueg – sprich: Lu-eg, nicht Lüg – ist kein Gigant unter den Alpenpässen. Er ist ein Talpass und liegt auch an seiner höchsten Stelle, einem Tunnel unter dem gleichnamigen Gasthof, nur auf 552 Metern Seehöhe. Bis in die 70er Jahre des letzten Jahrhunderts war er die wichtigste Verbindung des »Außergebirgs« – des Flachlands – mit dem »Innergebirg«, den Gebirgsgauen des Landes Salzburg. Seine Bedeutung als Alpentransitroute hat der Pass Lueg seit dem Bau der Tauernautobahn mit seinen brachial durch den Fels gesprengten zwei Tunneln, die zusammen 3,3 Kilometer lang sind, komplett verloren. Die früheren Befestigungsbauten sind zum Teil erhalten, zum Teil dem Verfall preisgegeben. Trotzdem ist der Talpass wegen seiner Fülle an Verkehrswegen auf engstem Raum im schluchtartigen Salzachtal immer noch bemerkenswert. Wer bei Golling von der A10 abfährt, kann auf der älteren Passstraße gemütlich und ohne Tunnel – dafür kurvenreicher – nach Werfen gelangen.

Nach der Passhöhe geht es konstant zwischen Felswänden bergab. Links zwängen sich zwischen Wand und Straße die Radfahrer auf dem Tauernradweg. Rechts fließt die Salzach, und zwischen Fluss und Straße ist auch noch die Eisenbahn Tirol–Salzburg eingekeilt, die im Talgrund auf einer Brücke über den Fluss und auf der anderen Salzachseite weitergeführt wird. Unten herrscht Vielfalt, während oben die Blechlawine über die Tauernautobahn rollt und lärmend durch die Tunnel schießt.

Für die Salzach ist der Pass Lueg ein Durchbruchstal und der Eingang zu sehenswerten Klammen, den »Salzachöfen«. Das ist der wildeste Flussabschnitt, bevor die Salzach bei Golling sanft in das Alpenvorland ausläuft. Die Salzachöfen sind vom höchsten Punkt des Passes her erschlossen. Fußgänger steigen 90 Meter zum Klammweg ab. Das extreme Wildwasser ist bei Kanusportlern beliebt, wenn auch nicht ungefährlich.

Adresse Paß-Lueg-Straße, A-5440 Golling an der Salzach | **Anfahrt** A 10, Ausfahrt Golling, auf der B 159 bis Pass Lueg | **Tipp** Bei der Wallfahrtskirche Maria Brunneck befindet sich eine mineralstoffreiche Heilquelle, das »Brunnecker Bründl«. Es soll gegen Augenleiden helfen.

93__Die Biokäserei Fürstenhof

Ein Stück Jersey im Tennengau

Wenn man den eleganten Kuh-Damen auf ihrer Weide inmitten der Salzachebene im Schatten des Hagengebirges begegnet, weiß man sofort, dass man es weder mit Fleckvieh oder Schwarzbunten noch mit Braunvieh zu tun hat. Diese hier sind kleiner, zierlicher und haben schlanke Köpfe, die dunkelbraun bis schwarz gefärbt sind, als trügen sie Masken vor dem Gesicht. Es sind Jersey-Kühe, wie sie vom englischen Königshaus seit vielen Generationen im Park von Windsor gehalten werden. Sie geben Milch, die mit bis zu zehn Prozent Fettgehalt ungewöhnlich fett ist. Das prädestiniert die Jerseys als Rohstofflieferanten für eine Biokäserei, die auf Zusätze von Farbstoffen, Nitraten, Natamycin und Konservierungsmitteln vollständig verzichtet.

Im Fürstenhof in Kuchl haben schon die Salzburger Landesfürsten Station gemacht. Heute wird der Hof biologisch bewirtschaftet, und es werden etwa 30 Käsesorten aus Rohmilch hergestellt, von denen schon viele mit Medaillen ausgezeichnet wurden. Den Fürstenhofer Schnitt-, Weich- oder Frischkäse können Besucher am Hof probieren, im Hofladen kaufen, und sie können sogar selbst unter Anleitung lernen, einen Mozzarella herzustellen. Das Bauernhof-Café, in dem übrigens auch herrliche Kuchen und Strudel serviert werden, und der Hofladen sind täglich bis 17 Uhr geöffnet. Dann nämlich wird gemolken. Bei einer Hofführung kann man auch einen Blick in den Offenstall werfen.

Ein Teil der Jerseys darf im Sommer auf die Loseggalm im Lammertal. In der traditionellen Sennerei werden verschiedene Käsesorten hergestellt, die man direkt auf der Alm verköstigen kann. Das Angebot im Hofladen umfasst viele Sorten, vom »Juchitzer« mit Kümmel über den »Kuahmelker« mit Honigkruste und Almkräutern, den Bio-Blaublüter, den Edel-Sauerkas für Kasnocken und Käsespätzle und den Bio-Edelweiß mit Walnüssen oder grünem Pfeffer bis zum »Kürbi« und zum Räucherkäse. Und sie schmecken alle.

Adresse Fürstenweg 15, A-5431 Kuchl, www.fuerstenhof.co.at | **ÖPNV** ab Bahnhof Kuchl Bus 170 bis Kuchl-Bachbauer | **Anfahrt** A 10, Ausfahrt Kuchl, auf die B 159, über Kellau-Straße und Gaismaierstraße in den Fürstenweg | **Tipp** Handgeschöpften und prämierten Käse von glücklichen Ziegen gibt es ein Stück weiter in Annaberg auf dem Fischhof von Johanna Wallinger (Salfelden 13, A-5524 Annaberg, Tel. +43/6463/8643).

94 Sankt Georg am Georgenberg

Der heilige Severin im castellum cucullis

Es ist nicht sicher, ob sich der heilige Severin aus der römischen Provinz Noricum tatsächlich hier auf dem Georgenberg aufgehalten hat, um sich um seine Schäfchen beim römischen »castellum cucullis« im heutigen Gemeindegebiet von Kuchl im Salzachtal zu kümmern. Auch wenn die »Vita Sancti Severini« des Eugippius, die nach 533 entstand, das behauptet. Geweiht ist die spätgotische Kirche dem heiligen Georg, bekannt als Drachentöter und einer der 14 Nothelfer. Der Georgenberg ragt als kleiner Inselberg 60 Meter aus der Salzachebene in die Höhe. Wie der Mönchsberg und der Hellbrunner Berg in Salzburg ist er ein Sedimentberg, der nach der Schmelze des Salzachgletschers stehen blieb und schon in der Stein- und Bronzezeit besiedelt war. Auch aus der Römerzeit gibt es Funde. Im Mittelalter bauten die Grafen von Plain eine Burganlage auf dem Hügel.

Eine erste Kirche gab es hier schon um 400 nach Christus. Ausgrabungen haben einen weiteren Kirchenbau aus der Zeit um 1000 festgestellt. Ein romanischer Freskenrest wurde an der Orgelempore entdeckt. 1243 wird die Kirche zum ersten Mal urkundlich erwähnt, der heutige Turm wurde im 19. Jahrhundert angebaut. Die Außenempore aus rotem Marmor verweist darauf, dass man vor einer Wallfahrtskirche steht. Am Georgitag, dem 23. April, findet ein Umritt um die Kirche statt, bei dem um den Segen für das Vieh gebetet wird. Da passt es gut, dass sich gleich unterhalb des Georgenbergs ein Reiterhof befindet. Auf die vorwiegend barocke Innenausstattung kann man nur einen Blick durch das vergitterte Portal werfen. Ältere Kostbarkeiten wie ein Marienrelief und Heiligenfiguren von Sankt Rupert und Sankt Virgil aus dem frühen 16. Jahrhundert werden außerhalb der Kirche verwahrt. Ganz bestimmt ist der Platz oben auf dem Georgenberg ein kultischer Kraftplatz, der auf viele Jahrhunderte Menschheitsgeschichte zurückblicken kann.

Adresse Sankt Georg, A-5431 Kuchl | **ÖPNV** Bus 170 von Salzburg bis Kuchl-Jadorf | **Anfahrt** A 10, Ausfahrt Kuchl, auf der B 159 bis Kuchl, dann links in die Jadorfer- und die Davidenstraße, dann auf den St. Georgenweg | **Tipp** Das kleine Museum Kuchl (www.cucullis.at) beschäftigt sich mit der Archäologie des Georgenbergs und der Geschichte des Ortes. Es präsentiert wechselnde Sonderausstellungen.

95 Die Waldrappstation

Zutrauliche Alpenpunks

Der Waldrapp war bis ins Mittelalter in den östlichen Voralpen heimisch. Er lebte beispielsweise in Kolonien in den steilen Felsen des Mönchsbergs mitten in der Stadt Salzburg, bis er ausgerottet wurde. Nicht, weil er den Menschen etwas weggenommen hätte, sondern weil er zutraulich war und sich leicht fangen ließ. Die bis zu 1,5 Kilo schweren Vögel wurden wie Hühner gebraten und verspeist, bis keiner mehr übrig war. »Rapp« ist zwar ein anderes Wort für »Rabe«, und der Waldrapp hat ein schwarzes Gefieder, er ist aber ein Ibisvogel. Und im Wald lebt der Vogel auch nicht, sondern er brütet in Felswänden und sucht sich Maden, Würmer und Insekten auf offenen Feldern und Wiesen wie die Störche. Sein Gefieder glänzt metallisch, und sein Kopf wird von einem lustigen Federkranz umrahmt. Der Kopf ist rötlich und der lange rote Schnabel sichelförmig gebogen und damit ideal, um aufgespürte Würmer wie mit einer Pinzette tief aus der Erde zu ziehen.

Am Georgenberg in Kuchl, einem Inselfels im Salzachtal, 15 Kilometer südlich von Salzburg, wurden 2014 eine Voliere und Brutkästen zur Wiederansiedelung des Waldrapps angebracht. Die Station wird derzeit von einer kleinen Kolonie von Waldrappen besiedelt. Die Migration der Zugvögel nach Italien wird in Kuchl von einem kleinen Team mit einem Leichtflugzeug unterstützt. Auf die »menschengeführte Migration« soll dann in den nächsten Jahren der autonome Zug in den Süden folgen. Ziel des Projekts ist die Gründung einer eigenständig migrierenden Brutkolonie mit mindestens 40 Vögeln bis Ende 2019. Bleibt zu hoffen, dass es gelingt und der Waldrapp in der Salzachebene wieder heimisch wird.

Waldrappe sind sehr gesellig. Erst in einer größeren Kolonie kommt bei ihnen Brutstimmung auf. Die beiden Brutpartner, die nur für eine Saison zusammenbleiben, begrüßen sich mit einem Ritual: Sie werfen den Kopf in den Nacken und verbeugen sich mit »chrup-chrup«-Rufen voreinander.

Adresse Berglweg, A-5431 Kuchl | **ÖPNV** Bus 170 von Salzburg bis Kuchl-Jadorf | **Anfahrt** A 10, Ausfahrt Kuchl, auf der B 159 bis Kuchl, links in die Jadorfer- und die Davidenstraße, dann rechts in den Berglweg | **Öffnungszeiten** Frühjahr bis Sommer | **Tipp** Der Jadorferwirt gehört zu den regionalen »Genuss-Wirtshäusern« von Kuchl (Jadorf 9), im Sommer mit Gastgarten und Göllblick.

96 Die Edelweißerhütte

Über die Leiter auf den Thron

Die kleine Edelweißerhütte, auf 2.350 Metern fast am Gipfel des Mittleren Streitmandls gelegen, ist keine DAV-Hütte, sondern wurde schon 1922 von den Aktiven des Salzburger Edelweißclubs errichtet.

Die »Edelweißer« neigen nicht zur Protzerei. So nennen sie einen Höhepunkt der Salzburger Ballsaison immer noch das »Edelweißkränzchen«, obwohl die regelmäßig ausverkaufte Veranstaltung mit 2.500 Ballgästen längst über die Niedlichkeitsform hinausgewachsen ist. Der Club selbst hatte zuletzt eine sehr überschaubare Anzahl an Mitgliedern, nämlich genau 64 Männer und eine Frau, aber sie alle sind leidenschaftliche Alpinisten, einige auch echte Spitzenkletterer.

Bescheiden, verglichen mit den hochalpinen Großbetrieben, wirkt auch die Edelweißerhütte. Während die eigentliche Hütte nur an den Sommerwochenenden bewartet – aber nicht bewirtschaftet – ist, bietet das dazugehörige Notlager jederzeit Schutz für Berggeher und Kletterer, die von einem Unwetter überrascht wurden oder eine Übernachtung als Zwischenstopp bei der Überschreitung der karstigen Hochfläche des Tennengebirges einlegen. Das Lager für vier bis fünf Personen ist mit allem Überlebensnotwendigen ausgestattet.

Einer der schönsten Zustiege zur Edelweißerhütte führt in etwa vier bis fünf Stunden von der Wengerau über die Elmau-Alm, die Werfener Hütte und die Thronleiter auf das Plateau und dann unschwierig bis zur Hütte. Die Thronleiter ist eine fast 30 Meter hohe Stahlleiter, mit deren Hilfe man eine senkrechte Felswand ohne Kletterei überwindet. Zur Eigensicherung mit einem Klettersteigset ist eine Drahtsicherung angebracht. Diese Aufstiegshilfe stand den Erbauern der Edelweißerhütte zu Beginn des 20. Jahrhunderts noch nicht zur Verfügung. Sie trugen jeden einzelnen Holzbalken über 1.200 Höhenmeter durch die schwierig zu begehende Grießscharte bis unter den Gipfel, um Stück für Stück die Hütte aufzubauen.

Adresse Edelweißerhütte, A-5452 Pfarrwerfen, www.edelweissclub.at | **ÖPNV** ab Bahnhof Pfarrwerfen Werfenweng-Shuttle, Tel. +43/664/1266700 | **Anfahrt** A 10, Ausfahrt Werfen, auf die B 159, dann L 229 bis Talschluss Wengerau | **Tipp** Die imposant über dem Salzachtal thronende Burg Hohenwerfen beherbergt das erste österreichische Falknereimuseum und bietet täglich eine Greifvogelschau mit Flugvorführungen.

97__Die Lammerklamm

Eine Holzpipeline in Bedrängnis

Die Lammer ist ein Gebirgsfluss, der im Tennengebirge entspringt und in die Salzach mündet und dem eine besondere Aufgabe zukam: Die Salinen in Hallein waren bis ins 19. Jahrhundert hinein ein holzfressender Moloch, der das ganze Jahr hindurch gefüttert werden wollte. Wie die anderen Zuflüsse zur Salzach war auch die Lammer ein Teil des Systems, das den Holznachschub für Hallein sichern musste.

Strömung und Wassermenge bestimmten die Tauglichkeit eines Flusslaufs für den Holztransport, dazu Barrierefreiheit – und die war bei der Lammer an einer Stelle oft gestört. »Lammeröfen« wird dieser kaum einen Kilometer lange Abschnitt genannt, wo sie über Jahrtausende eine Schlucht in das felsige Hindernis, das ihr den Weg versperrte, gegraben hat. Immer wieder verkeilten sich in der engen Schlucht Bäume, und das Wasser staute sich gefährlich auf. Dann mussten die Holzknechte ran. Mit Stangen kletterten sie in die enge Klamm und versuchten, die Holzblockade aufzulösen.

Die Erschließung des heute unschwer zu begehenden Weges durch die Klamm begann 1884. »Öfen« wird die Schlucht genannt, weil in ihr das Wasser durch Gefälle, Hindernisse und Enge scheinbar zum Dampfen und Kochen gebracht wird. Der Zugang zur Klamm liegt im oberen Teil des Felsdurchbruchs. Vom Eingang geht es nach rechts in die »dunkle Klamm«, die so eng ist, dass die Sonne auch am helllichten Tag kaum hindurchdringt. Nach links ist die Klamm zuerst ein wenig breiter, der Fluss aber immer noch wild und ungestüm. Noch einmal wird die Schlucht enger. Mit ein wenig Glück kann man Wasseramseln beobachten, die auf der Suche nach Beute dicht über dem wilden Wasser fliegen oder sich mit unglaublichem Mut in die Flut stürzen, um kurz darauf unversehrt mit Beute im Schnabel wieder aufzutauchen. Man läuft über einen Steg ans andere Flussufer, und kurz darauf ist der Fluss von seinem Felskorsett befreit.

Adresse Lammertal Straße 72, A-5440 Scheffau am Tennengebirge | **ÖPNV** ab Bahnhof Golling mit dem Bus 947 bis Haltestelle Oberscheffau/Lammeröfen | **Anfahrt** A 10, Ausfahrt Golling, auf der B 162 bis Scheffau, weiter bis zum Parkplatz Lammerklamm | **Öffnungszeiten** Mai und Okt. täglich 9–17 Uhr, Juni und Sept. 9–18 Uhr, Juli und Aug. 9–19 Uhr | **Tipp** In der Nähe der Klamm gibt es einen kinderfreundlichen Mühlenrundweg, der entlang des Schwarzenbachs zu einer historischen Getreidemühle, einer Kugelmühle und dem imposanten Schwarzenbachfall führt. Gehzeit etwa 90 Minuten.

98 Der Lammertaler Urwald

Baumriesen im Plünderwald

Man muss lange suchen, bis man in Mitteleuropa einen Urwald findet. Groß ist er nicht, der Lammertaler Urwald, das sei gleich vorausgeschickt, aber es finden sich hier tatsächlich noch Bäume, die 300 bis 350 Jahre alt sind. Um ihren Stamm mit den Armen zu umfassen, reichen auch zwei Männer nicht aus. Ihre Rinde ist gefurcht, und man meint, die Haut einer Echse zu berühren.

Wie kam es zu dem seltenen Glücksfall, dass einzelne Bäume hier so lange unbeschadet und ungeschlagen stehen bleiben konnten? Die Fichten, Tannen, Buchen und Lärchen des zehn Hektar großen Naturreservats stammen aus einem Plenterwald, früher auch »Plünderwald« genannt. Vom Mittelalter an war diese abgelegene, steile Waldfläche über dem Lammertal eine Allmende, also ein gemeinschaftlich genutzter Bauernwald, in dem sich jeder bei Bedarf einen Einzelbaum herausfällen durfte. Das geschah aufgrund der schwierigen Lage und des problematischen Abtransports glücklicherweise seltener als in den Talregionen. Außerdem erfüllte der Bergwald eine wichtige Schutzfunktion für die Bauernhöfe darunter und wurde deshalb schon aus Eigennutz verschont.

So begegnen uns hier ganz beeindruckende Baumpersönlichkeiten: eine 300-jährige Rotbuche, die »Große Buche«, auch »Mutter des Waldes« genannt, der »Lammertaler Wächter«, eine imposante Tanne von 44 Metern Höhe und mit einem Umfang von mehr als 5,50 Metern, und die »Alte Tax«, eine uralte Fichte, die stolze 48 Meter hoch ist. Der kurze Rundweg führt durch einen lichten Mischwald mit Bäumen aller Altersklassen. Das Licht- und Schattenspiel an einem Sonnentag ist einmalig, und es sind ausschließlich die Geräusche des Windes und der Vögel zu hören, keine Straße, kein Motorenlärm. Es lohnt sich, auch den Waldboden nicht außer Acht zu lassen, wo es sein kann, dass sich eine Blindschleiche oder eine harmlose Ringelnatter auf einem Haufen dürrer Äste sonnt.

Adresse A-5522 Sankt Martin am Tennengebirge | ÖPNV Postbus 471 bis Sankt Martin oder Lungötz | Anfahrt A 10, Ausfahrt Hüttau, auf der B 166 bis Lungötz, dann über Gappen, Lammertal- und Reithweg bis zum beschilderten Parkplatz Richtung Spießalm | Tipp Auf dem Weg zum Urwald kommen Sie an der urigen Spießalm vorbei, wo die beiden Sennerinnen Almkäse aus eigener Produktion, frischen Marillenkuchen und andere feine Sachen anzubieten haben.

99__Die Eisriesenwelt

Mit Gewehren auf Eiszapfen

Der Eingang zur Eisriesenwelt-Höhle liegt auf 1.640 Metern Höhe. Wer es bequem mag, kann den größeren Teil des Aufstiegs mit der Seilbahn hinter sich bringen, trotzdem bleiben danach noch genügend Höhenmeter, um ins Schwitzen zu kommen. Wer fit ist, der geht den etwas anspruchsvolleren Fußweg nach oben, denn bereits da beginnt das Abenteuer mit toller Aussicht ins Salzachtal und der Chance, Gämsen beobachten zu können.

In der Hochsaison macht sich alle sechs Minuten eine Besuchergruppe mit einem der jungen Guides auf den Weg. »Früh aufstehen und warm anziehen!« sollte die Devise sein, damit man nicht im größten Gedränge und frierend durch die Höhle marschiert. Kaum öffnet sich nämlich das Eisentor, das die Höhle verschließt, zwängt sich ein kalter, pfeifender Wind in Orkanstärke durch die kleine Eingangsluke nach draußen wie ein Kettenhund in die Freiheit. Im Inneren der Höhle ist es dann wieder windstill und hoffentlich auch leise, denn das passt am besten zum Staunen, das jeden angesichts der massiven Eiswände, gefrorenen Wasserfälle und Dome aus blau und weiß schimmernden Eismassen ergreift.

Einer der wichtigsten Erforscher der Eishöhle war der Kunstmaler Alexander Mörk von Mörkenstein, der 1913 eine Expedition in die Höhle führte und große Teile des Inneren als Erster beging beziehungsweise erkletterte. Ein Jahr später war Alexander Mörk als junger Soldat im Ersten Weltkrieg gefallen. Mörks Kameraden brachten die Urne mit seiner Asche später hierher in die Höhle, die er mit Sicherheit weiter erforscht hätte, hätte er den Krieg überlebt.

Um die Sicherheit der heutigen Scharen von Besuchern zu gewährleisten, werden gefährliche Eiszapfen, die von der Decke hängen, mit dem Gewehr abgeschossen. Diese Geschichte ist ebenso wahr wie die, dass die Eishöhle regelmäßig gewaschen wird, um das Eis von den Rückständen der Magnesiumfackeln zu befreien.

Adresse Eishöhlenstraße 30, A-5450 Werfen, www.eisriesenwelt.at | ÖPNV vom Bahnhof Werfen Linienbusverkehr zum Eisriesenweltparkplatz | Anfahrt A 10, Ausfahrt Werfen, auf der B 159 bis Abzweigung Schladming, Eishöhlenstraße bis Parkplatz am Besucherzentrum | Öffnungszeiten Mai–Okt. 8–15 Uhr, Juli und Aug. bis 16 Uhr | Tipp Das Dr.-Oedl-Haus nahe der Seilbahnbergstation wurde in den 1920er Jahren als Schutzhütte für die Höhlenforscher errichtet. Heute bietet es gute Küche und eine feine Terrasse mit Tauernblick (www.oedlhaus.at).

100 Die Werfener Hütte

Wo Cäsar Wasser holt

Das Tennengebirge ist ein wilder Gebirgsstock, der mit seinen steilen Abbrüchen zum Salzachtal hin karstig und abweisend wirkt. Etwas Kraft und Ausdauer sind schon nötig, um hinaufzukommen. Die Hütten sind dabei wichtige Stützpunkte. Wunderbar klebt die Werfener Hütte auf 1.969 Metern unter den Wänden des Hochthrons, vom Tal aus über die Mahdegg- oder die Elmau-Alm und zuletzt in Serpentinen durch einen steilen Latschenhang zu erreichen.

Dort wäre man auf die Begegnung mit Gämse oder Steinbock gefasst, wenn Getrappel von oben und das Kullern von Steinen zu hören ist. Vom plötzlichen Auftauchen dreier Verwandter des Kamels ist man dann doch überrascht. Drei Lamas hat sich Hüttenwirt Gerhard Hafner angeschafft, die er als Lasttiere einsetzt oder an Besucher vermietet. Dandy, Tornado und Cäser tragen dann die Rucksäcke hinauf zur Hütte. Manchmal müssen sie auch Wasser von der einige hundert Meter weiter unten gelegenen Quelle holen. Das ist der Moment, in dem alle Wanderer ihre Kameras zücken. Man träumt sich quasi in die Anden.

Am Abend gibt es statt Hüttenzauber Freiluftkino per Beamer unterm sternenübersäten Himmel. Unten glitzern die Orte an der Salzach, die Bischofshofer Sprungschanze ist beleuchtet. Mingma Nuru Sherpa, der im Sommer auf der Hütte aushilft, zeigt einen Film über sein Leben als armer Junge in Nepal, der sich mit schwerer Arbeit vom Salzträger bis zum Sherpa hochgearbeitet, dabei jedoch nie sein Heimatdorf vergessen hat. Er sammelt in Europa Spenden, um in seiner Heimat eine Schule zu bauen, Elektrizität ins Dorf zu bringen und einen Tempel zu errichten. Man könnte bei ihm auch eine Trekkingtour in der Annapurna-Region oder zum Everest Basecamp buchen. Aber das schroffe Tennengebirge ist schön und aufregend genug. Und nach einer romantischen Nacht im Zirbenzimmer auf fast 2.000 Metern Seehöhe kann man Bäume ausreißen und Gipfel bezwingen.

Adresse Wengeraustraße, A-5453 Werfenweng, www.werfenerhuette.at | ÖPNV ab Bahnhof Pfarrwerfen Werfenweng-Shuttle, Tel. +43/6641/266700 | Anfahrt A 10, Ausfahrt Werfen, auf die B 159, dann L 229 bis Talschluss Wengerau | Tipp Der Naturbadesee in Wengerau am Fuß des Tennengebirges bietet nicht nur beste Wasserqualität, sondern auch eine der schönsten Bergkulissen, die man sich vorstellen kann.

101 Die Hofpürglhütte

Unter der Bischofsmütze

Die Hofpürglhütte ist eine der schönsten Alpenvereinshütten im Gebiet des Gosaukamms, der zum Dachsteinmassiv gehört. Sie ist zwar relativ groß, trotz des phasenweise heftigen Ansturms aber immer noch recht persönlich und angenehm geführt. Und der Apfelstrudel, gleich sei es verraten, ist wirklich ein Gedicht.

Die Hütte liegt auf 1.705 Metern imposant auf dem Hofpürgl unter dem Doppelgipfel der Großen (2.458 Meter) und Kleinen Bischofsmütze (2.430 Meter), mit Blick auf den Torstein und im Süden auf den Alpenhauptkamm mit den Tauern von der Goldberggruppe über den Großglockner bis zum Großvenediger. Schöner geht es schon fast nicht mehr. Hier machen die Gosaukamm-Umrunder und die Wanderer hinüber zur Dachstein-Südwand oder auf dem schwereren Linzer Steig zur Adamekhütte Station. Ebenso die Kletterer, die in Hüttennähe Felsrouten verschiedener Schwierigkeitsgrade vorfinden und bei Schlechtwetter auf hütteneigene Boulder- und Indoorkletterwände ausweichen können. Die Bischofsmütze, so schön sie herunterleuchtet, bleibt den Kletterern vorbehalten, von III bis VIII+ reichen die Schwierigkeitsgrade der Routen.

Über 100 Jahre hat die Hofpürglhütte schon auf dem Buckel, 1901 wurde sie erbaut, immer wieder erweitert und ausgebaut. Seit die Materialseilbahn läuft und eine Quelle dazugepachtet wurde, verfügt die Hütte über ausreichend Trinkwasser und sogar warme Duschen. Geführt wird sie traditionell von bekannten Berg- und Kletterführern wie aktuell Heinz Sudra und seiner Frau Regina. Ein beheizbarer Winterraum steht Skitourengängern zur Verfügung.

Der leichteste Aufstieg zur Hütte erfolgt über die Aualm, die über eine Mautstraße von Filzmoos herauf erreicht wird. Viel schöner ist es aber, vom Vorderen Gosausee über den Steiglpass heraufzuwandern oder, andersherum, von der Gablonzer Hütte über die urige Stuhlalm an der Südseite entlang.

Adresse Filzmoos 53, A-5532 Filzmoos, Tel. +43/6453/8304, www.alpenverein.at/hofpuerglhuette | **ÖPNV** Postbus 521 von Radstadt und Eben im Pongau bis Filzmoos | **Anfahrt** A 10, Ausfahrt Eben, auf der Filzmooser Landesstraße bis Filzmoos, ab Kreisel zur Aualm und Hofpürglhütte beschriftet | **Öffnungszeiten** Mai–Anfang Okt. | **Tipp** Eine Etage tiefer, auf 1.415 Metern Seehöhe, befindet sich die charmante Theodor-Körner-Hütte, die mit Ökostrom und Photovoltaik ganz auf Nachhaltigkeit setzt. Die Wirtsleute kochen auch vegetarisch und backen eigenes Brot.

102 Die Gedenkkapelle

Für Lotte und all die anderen

Die Alpen sind kein Kinderspielplatz, und nicht nur Bergsteigen, auch Klettern und Wandern sind Sportarten, bei denen man sich verletzen, im schlimmsten Fall zu Tode kommen kann. Glücklicherweise geht die Zahl der Todesopfer in den Alpen kontinuierlich und sehr signifikant zurück, ebenso die Zahl der Unfälle mit Verletzungsfolgen, obwohl die Berichterstattung etwas anderes vermuten lässt. Dabei liegt das Alpinklettern nach wie vor auf Platz eins, gefolgt von Alpinskilauf und Hochtourengehen. Die sinkenden Zahlen sind der Handydichte, der treffenderen Wettervorhersage und der verbesserten Ausrüstung der Bergsportler und -sportlerinnen zu verdanken. Was stark zunimmt, ist die Zahl der Notfälle ohne Verletzungen, die gemeldet werden und »nur« Leben und Gesundheit der Bergretter aufs Spiel setzen. Selbstüberschätzung ist dafür der häufigste Grund – anders gesagt: Überforderung von Sportlern, die ihre eigenen Grenzen nicht kennen.

In den Alpen, so hat man den Eindruck, werden die Opfer nicht vergessen. Man begegnet auf Schritt und Tritt Erinnerungstafeln, von Angehörigen oder Bergkameraden gestiftet, die an die Abgestürzten erinnern. Und zwar genau dort, wo es passiert ist, oder an einem besonders schönen Ort in der Nähe, wo man ihrer im Vorbeigehen gedenken kann.

Für Lotte Wasmayer, die mit 18 Jahren nach der Besteigung des schwierigen Däumlings 1942 in den Tod stürzte, hat ihre Mutter zum nicht erlebten 40. Geburtstag eine Kapelle unterhalb ihres Schicksalsberges erbaut. Mit ihr wird auch der anderen Opfer des Gosaukamms an diesem wunderbaren Ort im Hochgebirge gedacht. Ob sie nun die weibliche Erstbesteigerin des Däumlings oder die Zweite oder Dritte gewesen ist, ist dabei belanglos. Dass sie hier ihr Leben lassen musste, ist tragisch. Es ist ein Ort der Einkehr und des Innehaltens im eigenen Tun und des Gedenkens an all die, die wir verloren haben.

Adresse Vorderer Gosausee, A-4825 Gosau | ÖPNV Postbus 542 von Bad Ischl, Haltestelle Gosaumühle | Anfahrt A 10, Ausfahrt Golling, auf der B 162 und B 166 bis Gosau, dann Gosauer Bezirksstraße bis zum Gosausee | Öffnungszeiten Begehung von Frühsommer bis Anfang Okt. möglich | Tipp Die Gablonzer Hütte ist zwar wegen ihrer Nähe zur Seilbahn-Bergstation an sonnigen Wochenenden sehr gut besucht, bietet aber einen tollen Blick auf den Vorderen Gosausee und den Gosaugletscher des Dachsteinmassivs.

103__Der Große Gosaugletscher

Auf dem Rückzug

Der Hallstätter Gletscher, der Schladminger Gletscher und der Große Gosaugletscher sind die größten der verbliebenen Dachsteingletscher, aber auch sie schwinden unaufhaltsam dahin. Dass es sie heute überhaupt noch gibt, hat mit der Lage des Dachsteinmassivs im Nordstau der Alpen zu tun. Postkarten von vor 100 Jahren, als der Große Gosaugletscher noch bis zur Adamekhütte auf 2.196 Metern hinunterreichte, zeigen die Folgen der Erderwärmung.

Die Adamekhütte steht heute inmitten einer karstigen Mondlandschaft aus Schutt und Gestein unterhalb der braunen Moränenwälle, die der Gletscher nach seiner größten Ausdehnung im 19. Jahrhundert hier hinterlassen hat. Wegen des Kalkuntergrunds und des fehlenden Oberflächenwassers bildet sich wenig bis kein Humus, und die Landschaft bleibt noch lange kahl und karg. Nur ganz wenige Pflanzen können im Schutt Fuß fassen. Dementsprechend sind die Tiere, die sich in der Hochgebirgsregion des Gletschervorfelds aufhalten, wahre Überlebenskünstler: Gämsen und Steinböcke, Schneehasen und Schneehühner leben hier.

Auf einem ein- bis zweistündigen markierten Gletscherweg kann man die verschiedenen Zonen des Eises und seines Rückzugs abgehen, ohne den Gletscher selbst zu betreten, wozu eine entsprechende Ausrüstung nötig wäre. Der Weg startet an der Adamekhütte und führt vorbei an Felsbrocken, die nach Bergstürzen hier liegen geblieben sind, zu den Vermessungspunkten, an denen der Gletscher seit 70 Jahren regelmäßig fotografiert und beobachtet wird, bis hinauf zum Eisrand.

Die heißen Sommer der letzten Jahre und die extrem schneearmen Winter setzen dem Gletscher mächtig zu. Allein im Hitzesommer 2015 ist das Eis durchschnittlich um drei Meter dünner geworden. Und auf die nächste Eiszeit, die eigentlich in 50.000 Jahren fällig wäre, sollten wir uns lieber nicht verlassen.

Adresse Gosau 306, A-4825 Gosau, www.adamek.at | **ÖPNV** Postbus 542 von Bad Ischl bis Gosaumühle | **Anfahrt** A 10, Ausfahrt Golling, auf der B 162 und B 166 bis Gosau, dann Gosauer Bezirksstraße bis zum Gosausee | **Öffnungszeiten** Ende Mai–Anfang Okt. | **Tipp** Nutzen Sie die Erfahrung und den Sachverstand des Hüttenwirts Hans Gapp, der schon seit 30 Sommern auf der Adamekhütte lebt. Er ist ein viel gefragter Bergführer, den man für Kurse und Touren buchen kann.

104 Die Gosaukamm-Umrundung

Auf die harte oder die sanfte Tour

Man kann diesen Rundweg auf die harte Tour, also an einem sportlichen Frühaufstehertag, unternehmen oder auf die sanfte, mit Übernachtung auf einer der Hütten am Weg. Es ist immer eine lohnende Wanderung mit spektakulären Aussichten. Sie ist nicht schwierig und in zwei Etappen angenehm zu gehen. Großzügig geplant, sind Sie zweimal fünf bis sechs Stunden unterwegs – und schon haben Sie diesen herrlichen Gebirgszug umrundet, der zum Dachsteinmassiv gehört, aber seinen eigenständigen alpinen Charakter bewahrt.

Die höchste Erhebung, die Große Bischofsmütze mit 2.458 Metern Höhe, hat aufgrund mehrerer Felsstürze seit den 90er Jahren des vorigen Jahrhunderts ein wenig von ihrer charakteristischen Form eingebüßt. Man sieht die Abbrüche noch als gelblich schimmerndes Gestein am Gipfelaufbau. Eine Umrundung schließt Gipfelbesteigungen aus, sie können hier aber jederzeit »eingeschoben« werden, wenn man die Tagesetappe locker schafft und sich für einen Gipfelsturm noch fit fühlt. Dazu gehören dann allerdings Trittsicherheit und Erfahrung, denn kein einziger Berg, der aus dem zackigen Gosaukamm aufragt, ist ein reiner Wanderberg. Auf den Großen Donnerkogel (2.045 Meter) führt von der Gablonzer Hütte aus ein Klettersteig (B/C). Von der Stuhlalm aus kommt man auf den Strichkogel, den Angerstein oder den Mandlkogel.

Der klassische Rundweg jedoch führt auf einer Höhe zwischen etwa 1.300 und maximal 2.018 Metern auf dem Steiglpass moderat und unschwierig auf und ab. Idealer Übernachtungsplatz, wenn man die Tour in zwei Etappen angeht, ist die Hofpürglhütte. Startpunkt: Vorderer Gosausee. Wer die Gosaukammbahn als Aufstiegshilfe nutzt, spart circa eineinhalb Stunden Aufstieg vom See auf die Gablonzer Hütte. Dort herrscht Trubel, aber sobald man am Törleck vorbei ist, ist man wieder »unter sich«.

Adresse Vorderer Gosausee, A-4825 Gosau | ÖPNV Postbus 542 von Bad Ischl, Haltestelle Gosaumühle | Anfahrt A 10, Ausfahrt Golling, auf der B 162 und B 166 bis Gosau, dann Gosauer Bezirksstraße bis zum Gosausee | Öffnungszeiten Begehung von Mai–Okt. möglich | Tipp Was im Sommer Wandergebiet ist, wird im Winter zur Skiregion Dachstein West mit 142 präparierten Pistenkilometern. Lokalmatador Marcel Hirsch, Skirennläufer aus Annaberg, betreibt hier eine nach ihm benannte Slalomstrecke mit Zeitnehmung.

105 Der Friedhof

Konservierte Vergänglichkeit

Die schmiedeeisernen Grabkreuze auf dem Friedhof der Pfarrkirche Mariä Himmelfahrt glänzen im Sonnenlicht. Vielleicht tröstet es die Angehörigen, zu wissen, dass ihre Liebsten an einem der denkbar schönsten Orte der Alpen, auf einer schmalen Felsterrasse zwischen dem Hallstätter See und dem schroff aufsteigenden Salzberg, ihre letzte Ruhe gefunden haben.

Unterbrochen wird diese Ruhe nur, wenn der Verstorbene zu Lebzeiten bestimmt hat, dass sein Schädel und seine Knochen im Beinhaus aufgebahrt werden sollen. Denn dann werden die Gebeine des Verstorbenen nach zehn bis 15 Jahren dem Grab wieder entnommen, gereinigt und im Mond- und Sonnenlicht gebleicht. Bevor sie nach dieser Prozedur ins Beinhaus gebracht werden, malt ein Maler in Schönschrift die Lebensdaten und etwas Eichenlaub auf die Stirn des Totenkopfs.

Dicht an den Fels duckt sich die im 14. Jahrhundert errichtete Michaelskapelle, in deren Krypta sich das Beinhaus befindet. Ein kleines Fenster über der zweiflügeligen Tür und ein paar Kerzen tauchen den Raum in diffuses Licht, das den Besucher dafür sensibilisiert, dass dieser Raum den Toten gewidmet ist und Lebende nur Gäste sind, die erst in unbestimmter Zukunft dazu eingeladen werden, für immer zu bleiben. Man weiß es nicht genau: Liegt es daran, dass die Menschen hier schon fast zum Leben zu wenig Platz haben, oder daran, dass Toleranz auch in Glaubensfragen für sie einen besonderen Wert hat? Jedenfalls dürfen auf dem Friedhof sowohl Katholiken als auch Protestanten bestattet werden, und trotzdem geht es hier absolut friedlich zu. Spätestens im Beinhaus sind alle gleich und nicht mehr nach Konfessionen zu unterscheiden. Trotz der exklusiven Lage des Friedhofs, dem Blick auf den See und hinauf auf den Gipfel, er soll noch warten und zwar möglichst lange. Das Leben genießen und sich mit denen freuen, die einen begleiten, ist ein Vorsatz, den man hier mitnehmen sollte.

Adresse Kirchenweg 40, A-4830 Hallstatt | **ÖPNV** vom Bahnhof Hallstatt mit dem Schiff zur Anlegestation Hallstatt Markt, rechts hinauf zur katholischen Kirche | **Anfahrt** A 10, Ausfahrt Golling, auf der B 162 bis Pichl, dann B 166 bis Hallstätter Landesstraße, weiter Richtung Hallstatt, im Tunnel auf dem Terrassenparkplatz parken, Treppe hinab zum Kirchenweg | **Tipp** Für Erholung sorgt ein Bad im Hallstätter See. Im Ortsteil Lahn gibt es einen Strand und sogar eine kleine Badeinsel, die man über eine Fußgängerbrücke erreicht.

106__Das Gräberfeld

Ein Bergmann als Archäologe

Seine sensationellen Grabungserfolge gaben einer Epoche ihren Namen, die Anerkennung als Wissenschaftler blieb ihm jedoch verwehrt. Die Rede ist von Johann Georg Ramsauer (1795–1874), der mit 13 Jahren schon im Hallstätter Salzbergbau arbeitete und es später bis zum Bergmeister brachte. Er war schon 51, als er am Salzberg über Hallstatt beim Öffnen einer Schottergrube ein Feld mit 980 Gräbern aus der älteren Eisenzeit entdeckte. Er konnte fast 20.000 Objekte und Artefakte daraus bergen, die bereits 1846, im ersten Jahr der Grabungen, Wissenschaftler von der »Hallstattzeit« sprechen ließen, die sie auf die Zeit vom 8. bis zum 4. vorchristlichen Jahrhundert datierten.

Ramsauer führte nicht nur sorgfältige Grabungen durch, er kümmerte sich auch darum, dass seine Arbeit genau dokumentiert wurde. Heute würden wir Fotos machen, zu Ramsauers Zeiten mussten die Funde und ihre genaue Position gezeichnet werden. Dabei half ihm sein Kollege Isidor Engl. Ramsauer hielt bei seiner Pensionierung den Fundort für erschöpft und zog nach Linz. Es wurden bis 1939 aber immer noch weitere Gräber entdeckt.

Über 4.000 Menschen könnten hier beerdigt worden sein. Teils in Brandgräbern, die mit besonders reichen Beigaben ausgestattet waren, teils in Erdgräbern, in denen die Toten auf gestampfter Erde oder in flachen Tonwannen bestattet wurden. Unter den Grabbeigaben fanden sich Bronzegeschirr aus Italien, Waffen und Glas aus Slowenien und Bernstein aus Nordeuropa.

Das »weiße Gold« hatte die Hallstätter reich gemacht. Doch alles endete in einer Katastrophe: Ein Bergsturz verschloss im 4. Jahrhundert die Stollen im Bergwerk mit Geröll und tötete alle, die sich darin befanden. Viel später, im 18. Jahrhundert, fand man die bestens erhaltene Leiche eines damals umgekommenen Bergmanns. Der »Mann im Salz« wurde ohne einen Gedanken an die Wissenschaft auf dem Hallstätter Friedhof bestattet.

Adresse Salzwelten Hallstatt, Salzbergstraße 21, A-4830 Hallstatt, Tel. +43/6132/2002400 | **ÖPNV** vom Bahnhof Hallstatt mit dem Schiff zur Anlegestation Hallstatt Markt, von dort zu Fuß zur Talstation der Salzbergbahn | **Anfahrt** A 10, Ausfahrt Golling, B 162 bis Pichl, dann B 166 bis Hallstätter Landesstraße, weiter nach Hallstatt | **Öffnungszeiten** Salzbergbahn April–Nov. täglich 9–18 Uhr, Okt.–Nov. bis 16 Uhr | **Tipp** Eine Fahrt mit der Standseilbahn lohnt sich auch dann, wenn Sie das Salzbergwerk und das Gräberfeld nicht besichtigen wollen. Sie können in einer knappen Stunde auf dem Soleleitungsweg wieder nach Hallstatt absteigen und kommen an ehemaligen »Mundlöchern«, alten Stolleneingängen, vorbei.

107_Das Museum

Bundschuh und Fellmütze – Mode vor 3.000 Jahren

Eines ist seltsam: Hallstatt ist in den Sommermonaten voller Besucher aus der ganzen Welt. Vor allem chinesische Gäste zieht dieser malerische Ort am See magisch an. Die Taxis drängen sich mühsam durch die Menschenmassen an der Uferstraße. Doch kaum betritt man das Museum Hallstatt, aufgrund seiner Exponate und der ansprechenden Präsentation ein echtes Juwel, ist man von Ruhe umgeben. Erstaunlich, dass hier kein Gedränge herrscht und man ungestört 7.000 Jahre Geschichte der Menschheit entdecken kann. Bedeutende und anrührende Funde vom Hallstätter Salzberg werden hier präsentiert, und die Geschichte der Ausgrabungen und ihrer Erforscher wird anschaulich nacherzählt.

Die Gegenstände und Artefakte, die ab dem 19. Jahrhundert auf dem Salzberg gefunden wurden, waren erstaunlich gut erhalten und so zahlreich, dass man von der »Hallstattkultur« spricht, die von etwa 850 bis 500 vor Christus dauerte. Zu sehen sind im Museum fein ziselierte Gefäße aus Bronzeblech, mehrfarbige Keramiken und eine bronzene Schnabelkanne mit verziertem Henkel, ganz ähnlich der berühmten »Kanne vom Dürrnberg« bei Hallein, einer weiteren keltischen Salzabbaustätte, deren Blütezeit die von Hallstatt zeitlich ablöste.

Auch Alltagsgegenstände der Bergarbeiter und ihrer Familien sind ausgestellt, zum Beispiel eine geflochtene Tragekraxe für das Salzgestein, ein Bundschuh oder eine kegelförmige Fellmütze, die mit Lederbändern verziert ist – ein topmodisches Modell aus dem 14. bis 8. Jahrhundert vor Christus. Weniger fotogen, aber für die Forscher wichtig, sind beispielsweise die im Berg gefundenen Exkremente der Minenarbeiter, aus denen sich Krankheiten, Ernährungsgewohnheiten und sogar deren Leibspeise ermitteln lassen. Das sogenannte »Ritschert« aus Saubohnen, Gerste und geräuchertem Schweinefleisch, das sie am liebsten mochten, wird im Alpenraum heute noch gern gegessen.

Adresse Seestraße 56, A-4830 Hallstatt, www.museum-hallstatt.at | **ÖPNV** vom Bahnhof Hallstatt mit dem Schiff zur Anlegestation Hallstatt Markt | **Anfahrt** A 10, Ausfahrt Golling, B 162 bis Pichl, dann B 166 bis Hallstätter Landesstraße, weiter nach Hallstatt, im Tunnel auf dem Terrassenparkplatz parken, Treppe hinab zum Markt | **Öffnungszeiten** April–Okt. täglich 10–16 Uhr, Mai–Sept. bis 18 Uhr | **Tipp** Im Bräu-Gasthof Lobisser kann man nicht nur schön unter alten Kastanien auf der Seeterrasse sitzen, sondern auch fangfrische Reinanken und Saiblinge aus dem Hallstätter See essen.

108_Die Simonyhütte

Dachstein Basecamp

Dem Namen Simony begegnet man in den österreichischen Alpen relativ häufig – nicht nur am Dachstein. Friedrich Simony stammte aus Böhmen und war ein Freund des Dichters Adalbert Stifter. Er war Geograf, Glaziologe und Naturforscher und selbst ein hervorragender Alpinist. Als jungem Mann gelang ihm die erste Winterbesteigung des Dachsteins, zuletzt war er mit 77 Jahren auf dem Gipfel seines »Hausbergs«.

1843 wurde im Wildkar eine erste primitive Schutzhütte errichtet, die der Forscher ironisch »Hotel Simony« taufte. Sie steht heute immer noch da, wäre aber für die Masse der Bergsteiger, Kletterer, Wanderer, Skibergsteiger und Schneeschuhwanderer, die sich heute im Dachsteingebiet tummeln, doch etwas zu klein. 1876 wurde mit dem Bau der Simonyhütte begonnen, an der Stelle, an der sie auch heute noch steht. Seit damals ist sie oft umgebaut und erweitert worden. Auf stolzen 2.203 Metern gelegen, bietet sie Platz für 136 Personen, verfügt über eine Photovoltaikanlage, ein Dieselaggregat und eine vollbiologische Kläranlage sowie eine überdachte Doline ganz in der Nähe, in der bei Schlechtwetter das Gehen über eine Seilbrücke, das Abseilen und das Klettern geübt werden können. Die Simonyhütte ist fast das ganze Jahr über ein wichtiger Stützpunkt für Wanderer, Bergsteiger, Kletterer, Skitourengeher und Schneeschuhwanderer. Und sie ist das Basecamp für Gletscher- und Kletter-Touren auf den Hohen Dachstein.

Während sich der Hallstätter Gletscher zu Simonys Zeiten auf Höhe der heutigen Schutzhütte befand, muss man heute schon ein Stück laufen, bis man, vorbei an drei grünen Lacken, nahe genug an die Gletscherzunge herankommt, um einen Blick auf das ewige Eis zu erhaschen. Es schimmert blau und türkisgrün unter der Schneedecke. Vieles, was wir heute über die Dachsteingletscher wissen, verdanken wir den Forschungen, Zeichnungen und Fotografien von Friedrich Simony.

Adresse A-4830 Hallstatt, Tel. +43/680/2196374, www.simonyhuette.com | **Anfahrt** A 10, Ausfahrt Golling, B 162 bis Pichl, dann B 166 bis Hallstätter Landesstraße, weiter über Winkl zur Talstation Krippensteinbahn | **Öffnungszeiten** Ende Mai–Anfang Okt., Winteröffnung nach Schneelage | **Tipp** In Hüttennähe liegt das höchstgelegene Gotteshaus der Nordalpen, die aus Naturstein erbaute Dachsteinkapelle.

109_Die Dachsteinhüttenrunde

Hüttentrekking »rundumadum«

Für alle, die ein paar Tage Zeit haben, gibt es eine wunderbare Alternative zum gelegentlichen Massenandrang auf dem Dachstein, die ein wirklich traumhaftes Bergerlebnis verspricht. Die viertägige Rundtour kann man an verschiedenen Stellen beginnen. Man sollte fit und gut vorbereitet sein, denn es geht in hochalpines Gelände, wo es schon einmal passieren kann, dass man Mitte August vom Schneefall überrascht wird.

Der Rundweg geht über circa 38 Kilometer, und es sind täglich zwischen 500 und 1.300 Höhenmeter zu gehen. Ein beliebter Startpunkt ist die Bergstation am Krippenstein. Die erste Etappe führt dann zum Guttenberghaus auf 2.146 Metern, herrlich am Fuß des Eselsteins gelegen, mit Blick hinunter ins Tal und in die Tauern. Am nächsten Tag wandert man an der Südflanke des Dachsteins entlang Richtung Westen, und schließlich geht es hinauf zum Etappenziel, der Dachstein-Südwandhütte (1.910 Meter). Am nächsten Morgen wandert man vorbei an grasenden Gamsherden und über das »Tor« zum anspruchsvollen »Linzerweg«, der in die Windlegerscharte hinaufführt, über die scharfe Winde ziehen können. Der Abstieg zur Adamekhütte (2.196 Meter) wartet mit einigen seilversicherten kleineren Felswänden auf. Ein echter Abenteuerweg und zugleich die schwerste Etappe auf der Tour.

Die Lage der Adamekhütte unterhalb des Gosaugletschers ist spektakulär. Man möchte gern länger bleiben. Doch am nächsten Morgen geht es weiter über die Hosswandscharte und den Hohen Trog zur Simonyhütte (2.203 Meter) unter dem Hallstätter Gletscher. Die Verpflegung in diesem wunderbaren Berghotel ist hervorragend. Es geht hinunter zur Zirbengrube und über die Gjaidalm wieder hinauf zum Krippenstein. Die letzten Höhenmeter bis zum Gipfel überwindet man über ein uriges Seilbahnstück aus den 1960er Jahren.

Adresse Dachsteinseilbahn, Winkl 34, A-4831 Obertraun, Tel. +43/50/140, www.dachstein-salzkammergut.com | **ÖPNV** Postbus 542 bis Obertraun-Dachsteinseilbahn | **Anfahrt** A 10, Ausfahrt Golling, B 162 bis Pichl, dann B 166 bis Hallstätter Landesstraße, weiter über Winkl zur Talstation der Seilbahn | **Öffnungszeiten** Seilbahn: Ende April–Ende Okt. 8.40–16.30 Uhr | **Tipp** Wenn Sie die Fahrt mit der Krippensteinbahn an der Mittelstation unterbrechen, können Sie die Dachstein-Eishöhle und die Mammuthöhle besichtigen.

110 Die Hängebrücke

Ein bisschen Thrill muss sein

Diesen Gletscher darf jeder besuchen. Er oder sie muss dazu weder Alpinist noch besonders trainiert sein. Ein wahrer Ort der Grenzenlosigkeit und des Weitblicks, auch für jene, denen oft durch gedankenlos errichtete Barrieren der Besuch viel trivialerer Orte verwehrt wird. Als der Dachstein in den späten 1960er Jahren für Nichtbergsteiger erschlossen wurde, war es ein kühnes Projekt, die 1.000 Höhenmeter der Dachstein-Südwand ohne Seilstützen überwinden zu wollen.

Diese Kühnheit haben sich die Betreiber der Südwandbahn bewahrt, und so gibt es seit Kurzem auf dem Dachstein-Plateau eine weitere Attraktion. Sie ist fast 100 Meter lang und 60 Tonnen schwer. Die Rede ist von der 2013 fertiggestellten Hängebrücke mit einem Gefälle von zwölf Prozent. Sie schwebt über dem felsigen Abgrund, der durch das Bodengitter immer noch deutlich zu erkennen ist. Ein Tipp für alle, die nicht ganz schwindelfrei sind: Einfach nicht nach unten, sondern auf den Horizont sehen. Denn die Fernsicht ist gigantisch. Über den grünen Tälern am Fuß der Dachstein-Südwand reihen sich Kette um Kette die Berggipfel des Alpenhauptkamms aneinander. Bei idealer Fernsicht kann man hier sogar das slowenische Triglav-Gebirge erkennen.

Es war eine Extrembaustelle, auf der rund 30.000 Einzelteile ins Nichts hinausgebaut wurden. Die Brücke wurde für Belastungen von 750 Kilo Schnee pro Quadratmeter und für Windstärken bis 250 Kilometer pro Stunde konstruiert. Ihr geniales Endstück ist eine »Treppe ins Nichts«, deren 14 Stufen zu einer gläsernen Kanzel führen.

Wer's stiller mag und mit weniger Nervenkitzel, kann dem 1,5-stündigen Gletscherrundweg zur Seethalerhütte auf der Dachsteinwarte folgen. Sie liegt 2.740 Meter hoch unter dem Gipfel des Hohen Dachsteins. Schilder warnen vor Gletscherspalten, also unbedingt auf dem markierten Weg bleiben und die eisige Stille genießen.

Adresse Dachstein Gletscherbahn, Schildlehen 79a, A-8972 Ramsau am Dachstein, Tel. +43/3687/22042810, www.derdachstein.at | **ÖPNV** ab Haltestelle Planet Planai in Schladming mit dem Bus 960 bis zur Endstation Türlwandhütte | **Anfahrt** A 10, Ausfahrt Eben, B 99 Richtung Eben, dann Filzmooser Straße und weiter auf der Filzmooser Landesstraße bis Schildlehen, links abbiegen auf die Dachsteinstraße (Maut) | **Öffnungszeiten** Betriebszeiten: Sommer 7.50–17.30 Uhr, Herbst bis 17.10 Uhr, Winter 8.30–16.50 Uhr | **Tipp** Von der Türlwandhütte erreichen Sie in circa 30 Minuten die älteste Schutzhütte am Dachstein. Die Austriahütte liegt auf 1.638 Metern und beherbergt ein kleines Alpinmuseum.

111 Die Südwandbahn

Im Cabrio auf den Dachsteingletscher

Der Hohe Dachstein ist der zweithöchste Gipfel der Nordalpen und hat die größten Gletscher dieses Gebiets. Was den Dachstein darüber hinaus interessant macht, ist die Südwandbahn, die Besucher bis ins Gletschergebiet des Dachsteins hinaufbringt. Die Vorversion der heutigen Bahn wurde mit Dieselmotoren betrieben, bis 2004 eine Stromleitung auf den Hunerkogel gelegt wurde und auf Elektroantrieb umgestellt werden konnte. Sie startet auf 1.700 Metern Meereshöhe und überwindet in sechs Minuten Fahrzeit 1.000 Höhenmeter bis zur Bergstation. Die Trasse führt direkt über die senkrechten Felswände an der Südseite des Dachsteins. Die Südwandbahn ist eine Pendelbahn, seit 2013 mit zwei rundum verglasten Panoramagondeln ausgestattet, von denen eine 43 Personen fasst, die andere über 50. Der Grund für den Unterschied ist, dass die zweite Gondel einen Balkon auf dem Kabinendach hat. Bis zu zehn Personen können dort im Freien und mit ungehindertem Blick auf Südwand und Hohe Tauern mit fast 45 Kilometern pro Stunde nach oben fliegen.

Gletscherbesucher, die die Cabriovariante nutzen, sollten sich warm anziehen. Nur ein paar Schritte sind es von der Bergstation auf den Gletscher, der sogar einem kleinen Skigebiet Platz bietet. Wegen der globalen Erwärmung werden allerdings auch die Dachsteingletscher immer kleiner. Die Liftbetreiber bemühen sich, mit »Snowfarming«, also aktivem Anlegen von Depots aus natürlichem Schnee, den Gletscher so gesund wie möglich zu erhalten.

Ein Tagesausflug in die hochalpine Welt des Dachsteins ist ein beeindruckendes Erlebnis. Wenn man nach dem rasanten Aufstieg und einem Spaziergang durch die vergletscherte Gebirgswelt wieder ins Tal hinuntersaust, kommt es einem schon wieder fast unwirklich vor, und man fragt sich für einen Moment, ob dieser kurze Ausflug in die eisige Gipfelregion nun tatsächlich stattgefunden hat oder doch nur ein schöner Traum war.

Adresse Dachstein Gletscherbahn, Schildlehen 79a, A-8972 Ramsau am Dachstein, Tel. +43/3687/22042810, www.derdachstein.at | **ÖPNV** ab Haltestelle Planet Planai in Schladming mit dem Bus 960 bis zur Endstation Türlwandhütte | **Anfahrt** A 10, Ausfahrt Eben, B 99 Richtung Eben, dann Filzmooser Straße und weiter auf der Filzmooser Landesstraße bis Schildlehen, links abbiegen auf die Dachsteinstraße (Maut) | **Öffnungszeiten** Betriebszeiten: Sommer 7.50 – 17.30 Uhr, Herbst bis 17.10 Uhr, Winter 8.30 – 16.50 Uhr | **Tipp** Von der Bergstation aus startet die österreichische National-Skitour, die als eine der schönsten Skitouren in den Alpen gilt. Sie ist markiert und führt über 20 Kilometer bis hinunter nach Obertraun.

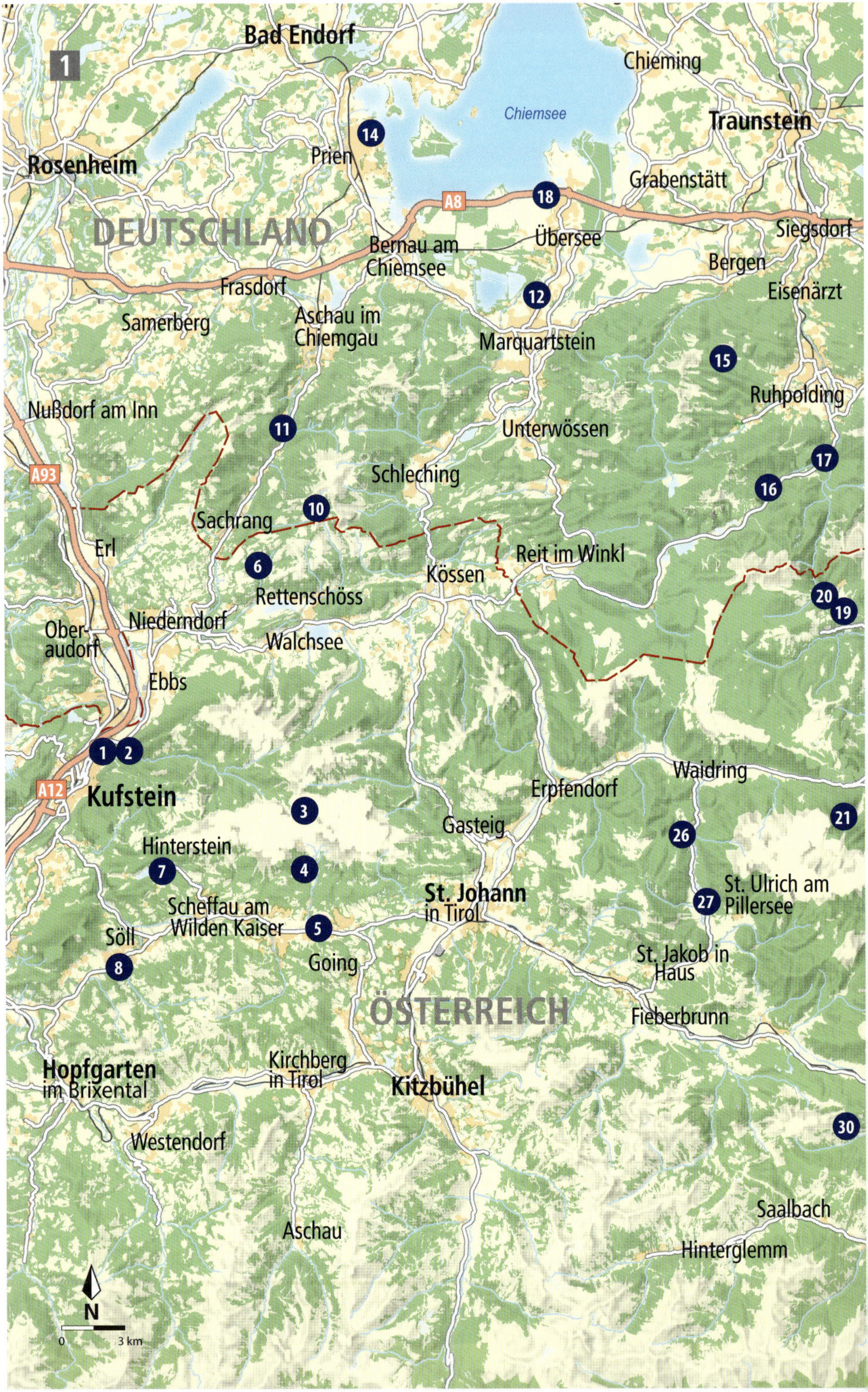
1
Bad Endorf
Chieming
Chiemsee
Traunstein
14
Rosenheim
Prien
A8
18
Grabenstätt
DEUTSCHLAND
Bernau am Chiemsee
Übersee
Siegsdorf
Bergen
Frasdorf
12
Eisenärzt
Samerberg
Aschau im Chiemgau
Marquartstein
15
Ruhpolding
Nußdorf am Inn
11
Unterwössen
A93
17
Schleching
16
Sachrang
10
Erl
6
Reit im Winkl
Kössen
Rettenschöss
20
19
Ober-audorf
Niederndorf
Walchsee
Ebbs
1
2
A12
Kufstein
Waidring
Erpfendorf
3
21
Gasteig
26
Hinterstein
7
4
St. Ulrich am Pillersee
27
St. Johann in Tirol
Scheffau am Wilden Kaiser
Söll
5
Going
8
St. Jakob in Haus
ÖSTERREICH
Fieberbrunn
Hopfgarten im Brixental
Kirchberg in Tirol
Kitzbühel
30
Westendorf
Saalbach
Aschau
Hinterglemm
N
0
3 km

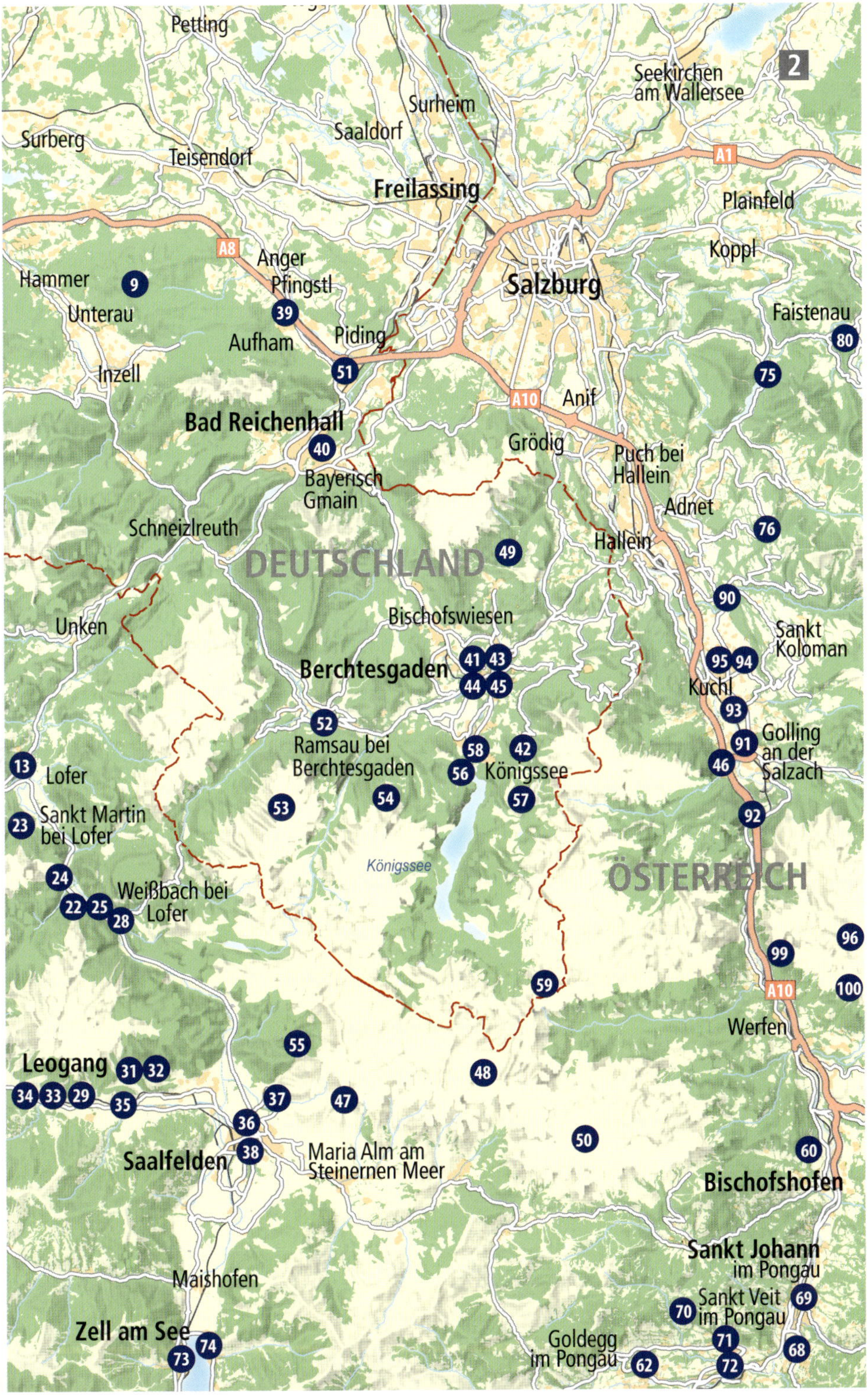

2
Petting
Seekirchen am Wallersee
Surheim
Saaldorf
Surberg
Teisendorf
A1
Freilassing
Plainfeld
A8
Anger
Koppl
Hammer
9
Pfingstl
Salzburg
Unterau
39
Faistenau
Aufham
Piding
80
Inzell
51
75
A10
Anif
Bad Reichenhall
40
Grödig
Puch bei Hallein
Bayerisch Gmain
Adnet
Schneizlreuth
76
Hallein
DEUTSCHLAND
49
90
Bischofswiesen
Unken
Sankt Koloman
41
43
Berchtesgaden
95
94
44
45
Kuchl
93
52
Golling an der Salzach
91
Ramsau bei Berchtesgaden
58
42
13
Lofer
56
Königssee
46
53
54
57
92
23
Sankt Martin bei Lofer
Königssee
ÖSTERREICH
24
Weißbach bei Lofer
22
25
28
96
99
59
A10
100
Werfen
55
Leogang
31
32
48
34
33
29
35
37
47
36
50
60
38
Maria Alm am Steinernen Meer
Saalfelden
Bischofshofen
Sankt Johann im Pongau
Maishofen
Sankt Veit im Pongau
69
70
Zell am See
74
71
Goldegg im Pongau
68
73
62
72

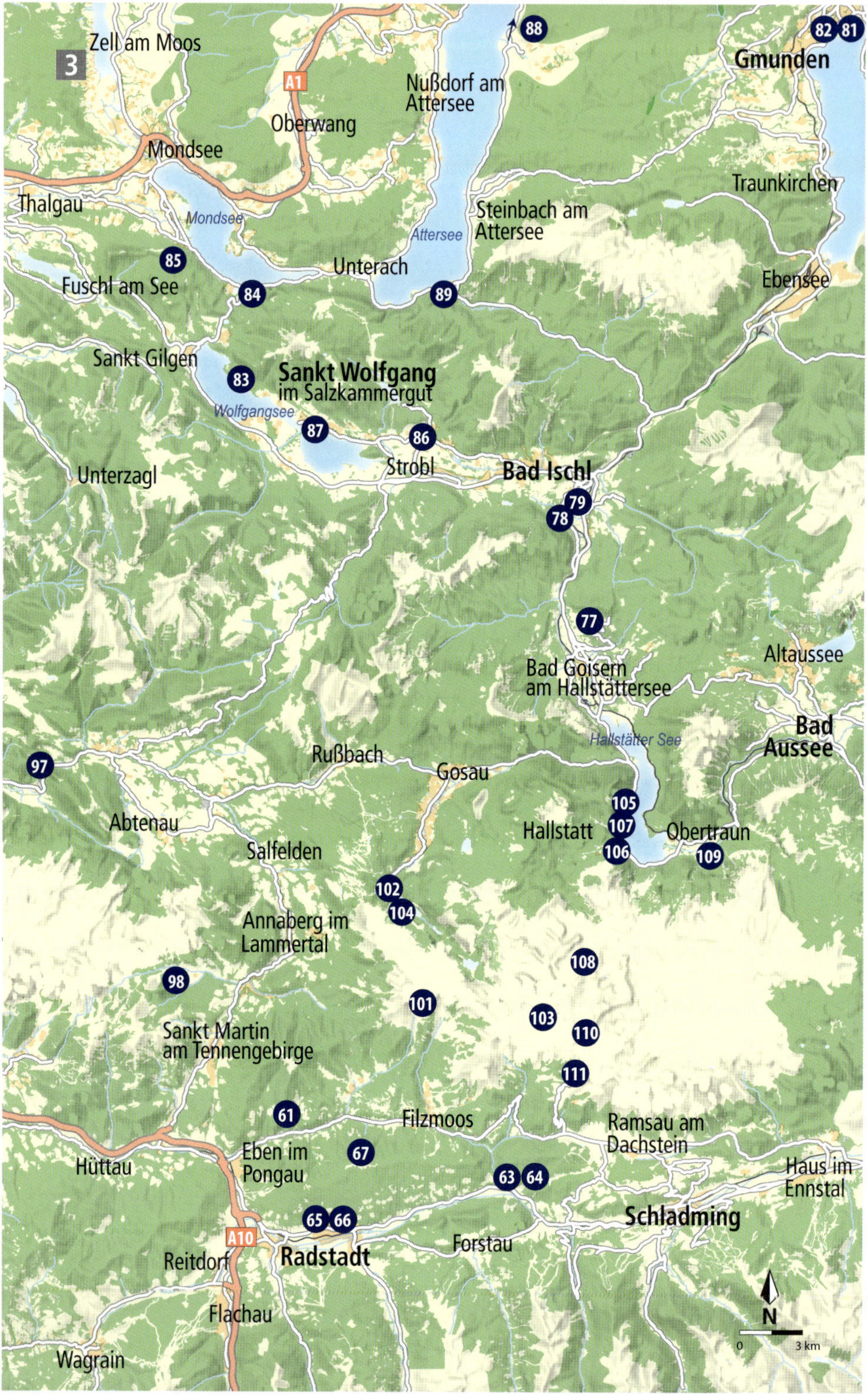
3
Zell am Moos
A1
88
82
81
Gmunden
Nußdorf am Attersee
Oberwang
Mondsee
Traunkirchen
Thalgau
Mondsee
Steinbach am Attersee
Attersee
85
Unterach
Ebensee
Fuschl am See
84
89
Sankt Gilgen
83
Sankt Wolfgang im Salzkammergut
Wolfgangsee
87
86
Strobl
Bad Ischl
Unterzagl
79
78
77
Altaussee
Bad Goisern am Hallstättersee
Bad Aussee
Hallstätter See
97
Rußbach
Gosau
105
Abtenau
Hallstatt
107
Obertraun
106
109
Salfelden
102
104
Annaberg im Lammertal
108
98
101
103
110
Sankt Martin am Tennengebirge
111
61
Filzmoos
Ramsau am Dachstein
Hüttau
Eben im Pongau
67
Haus im Ennstal
63
64
Schladming
65
66
A10
Radstadt
Forstau
Reitdorf
N
Flachau
0
3 km
Wagrain

Dorothee Fleischmann,
Carolina Kalvelage
111 Orte in Budapest, die man gesehen haben muss
ISBN 978-3-95451-744-2

Ursula Kahi
111 Orte im Aargau, die man gesehen haben muss
ISBN 978-3-95451-537-0

Christian Löhden
111 Orte in Graubünden, die man gesehen haben muss
ISBN 978-3-95451-514-1

Oliver Schröter, Falk Saalbach
111 Orte in Zürich, die man gesehen haben muss
ISBN 978-3-95451-538-7

Cornelia Lohs
111 Orte in Bern, die man gesehen haben muss
ISBN 978-3-95451-669-8

Giulia Castelli Gattinara,
Mario Verin
111 Orte in Mailand, die man gesehen haben muss
ISBN 978-3-95451-617-9

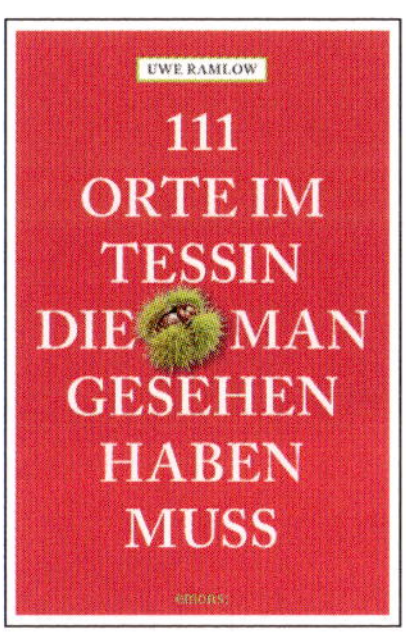

Uwe Ramlow
111 Orte im Tessin, die man gesehen haben muss
ISBN 978-3-95451-840-1

Marcus X. Schmid,
Michel Riethmann
111 Orte in Luzern und rund um den Vierwaldstättersee, die man gesehen haben muss
ISBN 978-3-95451-917-0

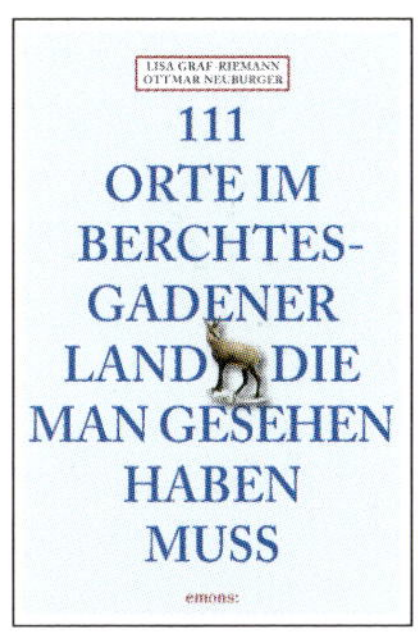

Lisa Graf-Riemann,
Ottmar Neuburger
111 Orte im Berchtesgadener Land, die man gesehen haben muss
ISBN 978-3-89705-961-0

Gerald Polzer, Stefan Spath
111 Orte in Oberösterreich, die man gesehen haben muss
ISBN 978-3-95451-857-9

Annett Klingner
111 Orte in Rom, die man gesehen haben muss
ISBN 978-3-95451-219-5

John Sykes, Birgit Weber
111 Orte in London, die man gesehen haben muss
ISBN 978-3-95451-117-4

Gerald Polzer, Stefan Spath, Pia Claudia Odorizzi von Rallo
111 Orte im Salzkammergut, die man gesehen haben muss
ISBN 978-3-95451-231-7

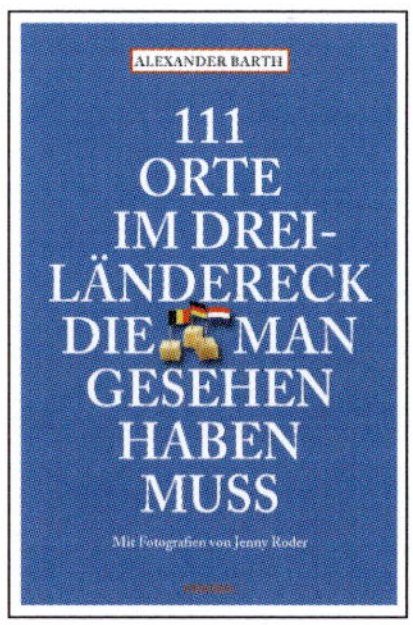

Alexander Barth, Jenny Roder
111 Orte im Dreiländereck, die man gesehen haben muss
ISBN 978-3-95451-316-1

Gerald Polzer, Stefan Spath
111 Orte in Graz, die man gesehen haben muss
ISBN 978-3-95451-466-3

Stefan Spath
111 Orte in Salzburg, die man gesehen haben muss
ISBN 978-3-95451-114-3

Cornelia Ziegler
111 Orte im Allgäu, die man gesehen haben muss
ISBN 978-3-95451-343-7

Silvia Götschi
111 Orte im Kanton Schwyz, die man gesehen haben muss
ISBN 978-3-7408-0116-8

Rike Wolf
111 Orte in Hamburg, die man gesehen haben muss
ISBN 978-3-89705-916-0

Rüdiger Liedtke
111 Orte auf Mallorca, die man gesehen haben muss
ISBN 978-3-89705-975-7

Lucia Jay von Seldeneck, Verena Eidel, Carolin Huder
111 Orte in Berlin, die man gesehen haben muss
ISBN 978-3-89705-853-8

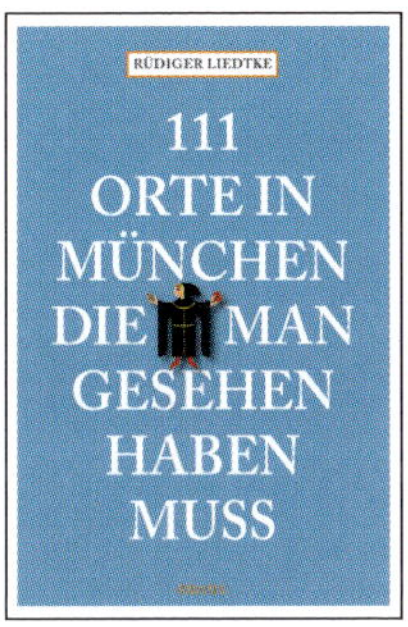

Rüdiger Liedtke
111 Orte in München, die man gesehen haben muss
ISBN 978-3-89705-892-7

Lucia Jay von Seldeneck, Verena Eidel, Carolin Huder
111 Orte in Berlin, die man gesehen haben muss
Band 2
ISBN 978-3-95451-207-2

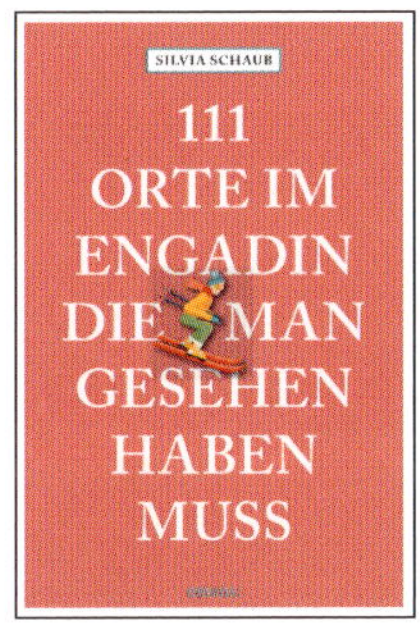

Silvia Schaub
111 Orte im Engadin, die man gesehen haben muss
ISBN 978-3-7408-0115-1

Bernd Imgrund, Britta Schmitz
111 Kölner Orte, die man gesehen haben muss
Band 1
ISBN 978-3-89705-618-3

Bernd Imgrund, Britta Schmitz
111 Kölner Orte, die man gesehen haben muss
Band 2
ISBN 978-3-89705-695-4

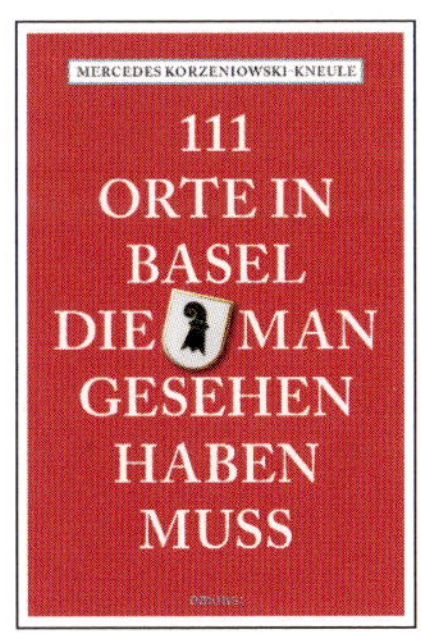

Mercedes Korzeniowski-Kneule
111 Orte in Basel, die man gesehen haben muss
ISBN 978-3-95451-702-2

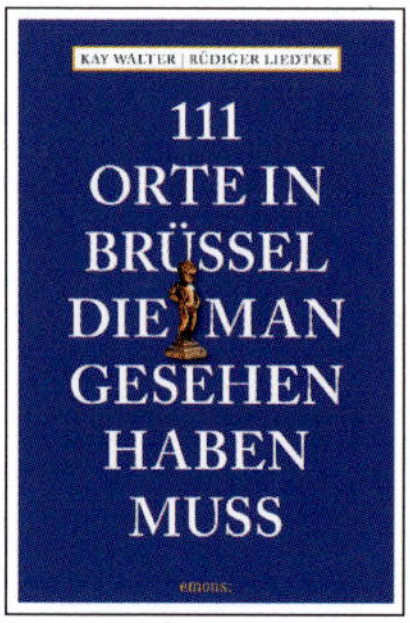

Kay Walter, Rüdiger Liedtke
111 Orte in Brüssel, die man gesehen haben muss
ISBN 978-3-7408-0128-1

Silvia Götschi
111 Orte im Kanton Schwyz, die man gesehen haben muss
ISBN 978-3-7408-0116-8

Dorothea Steinbacher
111 Orte im Chiemgau und im Rupertiwinkel, die man gesehen haben muss
ISBN 978-3-7408-0131-1

Beate C. Kirchner,
Jorge Vasconcellos
111 Orte in Rio de Janeiro, die man gesehen haben muss
ISBN 978-3-95451-843-2

Jochen Reiss
111 Orte in Nordfriesland, die man gesehen haben muss
ISBN 978-3-95451-627-8

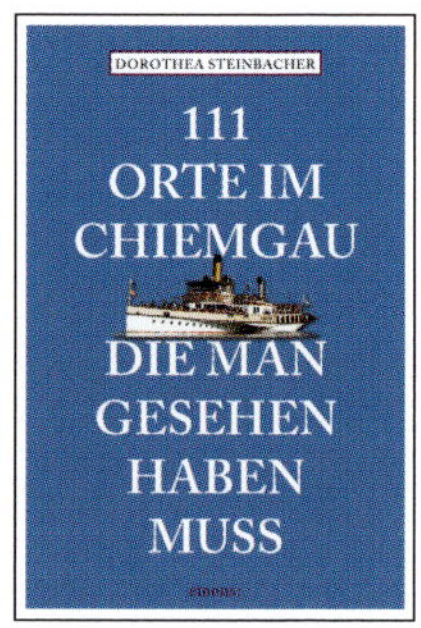

Dorothea Steinbacher
111 Orte im Chiemgau, die man gesehen haben muss
ISBN 978-3-95451-338-3

Lust auf mehr? Laden Sie sich die »LChoice«-App runter, scannen Sie den QR-Code und bestellen Sie weitere Bücher direkt in Ihrer Buchhandlung.

LChoice

Hier bestellen

Sie informieren sich über Länge, Schwierigkeit und Höhenmeter einer Tour, bevor Sie in die Berge gehen. Sie ziehen Bergschuhe an, packen Regen- und Sonnenschutz, eine gute Karte sowie ausreichend Wasser und Nahrung ein und studieren den Wetterbericht. In Ihrem Rucksack stecken ein Handy mit geladenem Akku, eine Notfallapotheke und eine Stirnlampe. Sie bleiben auf den Wegen, reißen keine Pflanzen aus und nehmen Ihren Müll wieder mit. Das alles wissen Sie schon.

Am Berg gibt es zudem noch ein paar sinnvolle Regeln. Zum Beispiel das Grüßen. Ob Sie »Griaß di«, »Servus« oder »Hallo« sagen, ist unerheblich. Aber schauen Sie sich die Person, die Ihnen entgegenkommt, auch an. Sollte ihr später etwas zustoßen oder sie vermisst werden, können Sie vielleicht zu einem glücklichen Ausgang der Suche beitragen, wenn Sie sich erinnern, wo und wann Sie ihr begegnet sind. In der Höhe und auf einsamen Wegen spricht man miteinander, fragt: Wo kommst du her, wo gehst du hin? So erfährt man aus erster Hand, ob ein Steig noch nass ist, ob Steinschlaggefahr besteht oder dass hinter der nächsten Rinne Gämsen zu sehen sind. Unter Bergkameraden wird geduzt, und es gibt eine Vorfahrtsregel: Wer aufsteigt, hat Vorrang. Ein Absteigender wartet vor einer Engstelle, bis der Aufsteigende sie passiert hat. Nur Familien mit Kindern haben immer Vorrang, egal, ob bergauf oder bergab.

Wenn Sie oben angekommen sind, tragen Sie sich ins Gipfelbuch ein. Reimen und Zeichnen brauchen Sie nicht, zur Betrachtung von schönen Bildchen hat die Bergwacht im Fall des Falles sowieso keine Zeit, egal wie künstlerisch wertvoll sie sein mögen. Und prägen Sie sich das alpine Notsignal ein: sechs Wink-, Laut- oder Lichtzeichen pro Minute, zum Beispiel mit der Stirnlampe, alle zehn Sekunden eines. Die Antwort erfolgt dreimal pro Minute, alle 20 Sekunden einmal.

Kommen Sie gut hinauf und ebenso gut wieder hinunter!

Bildnachweis:

Alle Fotos Lisa Graf-Riemann, mit Ausnahme folgender Orte: Ottmar Neuburger: 21 unten, 27, 32, 49, 55, 57, 60, 84 oben, 88; Gerhard Unterkofler, St. Johann im Pongau: 68; Julia Baumgärtner, St. Veit im Pongau: 70; Tourismusverband Scheffau: 97; Eisriesenwelt: 99 oben; Rudolf Widmar, Stadl-Paura: 108 oben und unten

Wir bedanken uns bei den genannten Personen und Institutionen, die uns freundlicherweise Fotomaterial zur Verfügung gestellt haben. Außerdem danken wir ganz besonders Selina Hörl von der Touristik GmbH Saalfelden Leogang, Eveline Glöckl vom Tourismusverband Inneres Salzkammergut, Magdalena Schmuck vom Bergbau- und Gotikmuseum Leogang sowie Hans-Werner Pelzmann vom Museumsverein St. Veit im Pongau für ihre Unterstützung.

Die Autoren

Lisa Graf-Riemann, geboren in Passau, studierte Romanistik und Völkerkunde und ist seit 2009 freie Autorin. Sie hat sieben Kriminalromane und mehr als ein Dutzend Reisebücher und Lehrwerke geschrieben.

Ottmar Neuburger, 1959 in Simbach am Inn geboren, studierte neuere deutsche Literatur, Physik, BWL und VWL. Er war vorwiegend im IT-Bereich tätig und arbeitet heute als Berater, Projektmanager und Autor.